JN127132

三訂版
女子学生の

キャリアデザイン

―自分らしさとワークライフバランス―

野村 康則
竹内 雄司

水曜社

読者のみなさまへ

　小書を手にされた読者の皆さまに、ご挨拶申しあげます。
　私と共著者の竹内先生は、ともに企業での豊富な就業経験者で、現在は大学教員としてキャリアデザインやワークライフバランスを講義しています。こうした教育現場から生まれたのが小書であり、女子学生のみならず、男子学生の方にもご愛読いただいております。

　近年、女性の社会進出は著しく、スポーツ・医療・産・学・官・民など、あらゆる分野において女性リーダーはめずらしくありません。一方、国際社会に目を向けますと、欧米と比べ、日本の女性の管理職比率は低く、かつ非正規雇用者としての就業率が高く、男女格差は先進国中ほぼ最下位レベルにある、と言われています。

　男女雇用機会均等法などの法整備も進み、男女が差別なく家庭や企業などで働ける体制づくりが進みつつありますが、特に女性が安心して育児そして復職できる仕組みが完全にととのったとは言えません。そのためには、男性の協力も不可欠となっています。また新型コロナウイルスの感染拡大により、社会の仕組みに大きな変化が起きようとしており、今こそ真のワークライフバランスの実現が必要な時期となってきました。

　小書では、学生のみなさんの就業を取り巻く内外の環境を理解することから始め、社会にデビューされてから心豊かな人生をおくるための企業選択にまで触れています。小書が女子学生のみならず男子学生の皆さまにとりましても、よきナビゲーターとなることを願ってやみません。

2021年3月

著者代表　野村 康則

女子学生のキャリアデザイン　目次

読者のみなさまへ

1章　キャリア教育

① 大学生活への満足度 ……… 12

② 大学進学率の向上 ……… 13

③ 高校と大学（短大含む）の違い ……… 14
　3-1　受動的履修と能動的履修 ……… 14
　3-2　チューター、メンター制度とピア ……… 15

④ 高等学校でのキャリア教育の推進と実践 ……… 16
　4-1　政府の考えるキャリア教育 ……… 16
　4-2　高校生の進路決定 ……… 17
　4-3　高等学校でのキャリア教育の実践例 ……… 18
　　　　Column　就職とバイト ……… 19

⑤ 大学におけるキャリア教育 ……… 20
　5-1　キャリア教育の実践 ……… 20
　5-2　キャリアセンターの役割 ……… 20
　5-3　キャリアカウンセリングに必要なコミュニケーション力 ……… 21
　5-4　「傾聴」と「聞く」の違いについて ……… 23
　5-5　人間関係力 (Human Relations) ……… 23
　5-6　コンピテンシー ……… 24
　　　　Column　初の女性副大統領の誕生 ……… 25

⑥ 教育と人材 ……… 26
　6-1　キャリアとは ……… 26
　6-2　ライフステージとキャリアレインボー ……… 28
　6-3　大学生活 ……… 29
　6-4　大学での学び ……… 30
　6-5　大学生時代に取っておくといい資格 ……… 31
　6-6　総合職と一般（事務）職 ……… 35
　　　　Column　英文科卒業生と金融の仕事 ……… 36
　6-7　外資系企業について ……… 37
　6-8　日本型経営から「成果反映型経営」への転換 ……… 39
　　　　Column　ゼネラリストとスペシャリスト ……… 40

2章　女性と働き方

① 女性が活躍できる社会へ 42

② 女性の就業状況 43
  2-1　女性の就業と国際競争力 43
    2-1-1 国際競争力 43
    2-1-2 格差指数 44
  2-2　M 字カーブ 45
  2-3　女性の非正規雇用者の増加 46
  2-4　短時間労働の実態 47

③ 女性の職業観とポジティブアクション 50
  3-1　女性の管理職割合と格差 50
  3-2　ポジティブアクション 53

④ 女性に関連する年金・税制面での課題 54
  4-1　年金制度 54
  4-2　公的年金の被保険者 55
  4-3　第三号被保険者問題 55
  4-4　学生の国民年金納付免除の特例 56
  4-5　被扶養配偶者制度 56
  4-6　アンケート調査から見える実態 57
  4-7　諸外国との比較 60
          Column　プレゼン力に弱い日本人 61

⑤ 女性と老後の生活 62
  5-1　生活への満足度 62
  5-2　老後の心配・不安 63

3章　ワークライフバランスと働き方改革

① ワークライフバランスとは 66
  1-1　ワークライフバランス推進の企業調査 66

② 働く女性の支援に関わる法整備 68
  2-1　男女雇用機会均等法 68
  2-2　男女共同参画社会基本法 68
  2-3　女性活躍推進法 69

③ 働き方改革 70
  3-1　政府の取り組み 70

3-2 労働生産性の視点 71
3-3 時間配分の見直しによる働き方改革 72
3-4 コロナ禍における働き方改革 72

④ 企業アンケートより 74

⑤ 女子学生の意識調査より 75

⑥ 男女の働き方に対する意識 77
6-1 夫と妻の役割認識 77
6-2 自分らしさと職業観 77
     Column インキューベーションとイノベーション 79

4章　これからの女性の生き方

4-1 晩婚化・晩産化 82
4-2 女性の離職理由 83
4-3 さまざまな職業と選択 83
4-4 ダグラス・有沢の法則 84
4-5 7・5・3の法則 84
4-6 女性の働き方と年金 85
4-7 男女間賃金格差 86
4-8 格差の是正に向けて 89
4-9 社会保険加入の拡大 89

5章　就職活動と自己理解

① 自分らしい会社選び・仕事選び 92
1-1 自己を理解する 92
1-2 自己を生かすことのできる環境を見つける 93

② 自己分析の進め方 94
2-1 シャインの3つの問い 94
     Column 幸せな人生とは 97
2-2 キャリアプランシート 98
2-3 自己分析チェックポイント 100
2-4 あなたのリーダーシップ 104
2-5 キャリアアンカー 106
2-6 ライフラインチャート 108
2-7 未来ビジョン 110
2-8 ジョハリの窓 112

  2-9 自己分析のまとめ————————————————114
    Column 3Good things————————————119
 ③ キャリアを描く——————————————————120
  3-1 キャリアデザインの進め方——————————120
  3-2「なりたい自分」を描く————————————122
  3-3「なりたい自分」の具体化計画————————124

6章 業界研究・企業研究

 ① 業界研究・企業研究の進め方—————————————128
  1-1 産業別分類—業界を産業でとらえてみる—————128
  1-2 機能別分類—業界を役割や機能でとらえてみる—————130
    Column 「よく知っている企業」と「あまり知らない企業」—130
 ② 職種と仕事内容————————————————132
 ③ イメージ先行の仕事選びにならないために——————138
 ④ 会社訪問で確認したいこと————————————141
 ⑤ SWOT 分析——————————————————142
    Column 就職活動の流れ——————————144
    Column IT リテラシーを身につける——————146

7章 企業内での人事評価制度

 ① 企業が求める人材——————————————————148
  1-1 社会人基礎力————————————————148
  1-2 人の持つ能力————————————————149
  1-3 学生時代に身につけたいこと—————————151
 ② 人事考課制度————————————————————153
  2-1 長期の期待に基づく制度————————————153
  2-2 短期の期待に基づく制度————————————155
 ③ 採用選考制度————————————————————157

  索引————————————————————————159

1章

キャリア教育

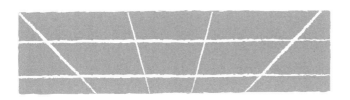

□□ company

大学生活への満足度

　日本私立大学連盟の学生委員会が平成29年に行った学生生活実態調査によると、回答者の約70%が現在所属する学部・学科に入学して「よかった」と答えた。また、男性より女性の方が授業・正課教育への満足度は高いという結果になった。大学に入ってよかったと思う点については、第1位が「友人を得たこと」。第2位が「知識や技術が身についたこと」となっている。特筆すべき点は在学中に留学を経験した者の生活満足度が高い、ということである。

　同調査によると、大学進学の目的は「大学卒の学歴が必要」という回答が第1位を占めており、4分の3の学生が進学先の学生生活が充実している、と回答している。

　現在の大学を選択した理由としては「自宅からの通学が可能だったから」及び「自分の実力に合っていたから」が上位を占めており、進学する大学の選択に無理をしない傾向にあると発表されている。

　第二次大戦後に生まれたいわゆる「団塊の世代 (ベビーブーマー)」の受験競争が過熱していた1970年前後の時期は、一流大学に入るために1年や2年の浪人を覚悟してでも自宅から離れた都会にある一流有名大学をめざした。だが、その頃とは、随分変化している。当時は一流大学に入ることで優良企業への就職や公務員などへの道が開ける、という固定観念があったからであり、親たちも子供が有名大学に入ることに夢を託していた。

　当時はAO入試制度もなく、単なる学力試験での一発勝負であった。またセンター入試制度もなく、国立大学は一期校と二期校に識別され、それぞれ1回の受験チャンスしかなく、しかも大変狭き門であった。現在では大学の定員数が受験者数を上回る「大学全入時代」となっており、数字面だけで言えば、無理さえしなければどこかの大学に入学できる状況となっている。

大学進学率の向上

　文部科学省の「令和２年度学校基本調査（令和２年12月25日）」によると、令和２年度の高等教育機関（高専・短大・専修学校・大学）進学率（過年度率含む）は83.5％と過去最高になっている。このうち、大学・短大への進学率は58.6％と前年度より0.5ポイント上昇し、同じく過去最高の進学率となった。このように高校生の6割近くが大学・短大へ進学する時代である。

　卒業後、企業に入り、社員になると社内は高学歴社会のため、企業内での昇進・昇格のための競争が一層厳しくなる。企業内での競争は、入社後は学歴ではなく、実力の競争となってくる。

　では、実力とは何であろうか、企業によって評価尺度の違いはあるが、一般的には以下のような項目であると思われる（詳しくは後述する）。

①コミュニケーション力（ホウレンソウ＝報告・連絡・相談）と交渉力

②協調性（チームワーク力）

③企画力・独創性（独自のアイデア発案力）

④リーダーシップと実行力（行動力）

　こうした実力を涵養する力の源泉は、学生時代にいかに学問に情熱を注ぎ、また社会経験を積むなど充実した学生生活を送るかにかかっている、と言っても過言ではない。

　さらに学生時代にスポーツクラブなどで鍛えた学生は、体力は当然、部活で既にＯＢ・ＯＧや先輩との厳しさを自然と学びとっているため、業務知識さえつけば、企業内で力を発揮する者が多い。そのため、企業の採用担当者は、スポーツクラブなどで鍛えた学生を意図的に採用しようとすることも少なくない。特に営業職を採用しようとする企業では、その傾向が見られる。スポーツばかりではない、いろいろなサークル活動やボランティア活動などで学外の人たちと交流をしてきた学生は、自ら社会経験が身についており、企業組織に柔軟に対応できる効果があるようだ。

高校と大学（短大含む）の違い

③-1　受動的履修と能動的履修

　高校時代は月曜日から金曜日まで決められたカリキュラムにしたがい、与えられた授業を受けるという受動的な姿勢でよかった。また科目の好き嫌いは学生の立場からは選択できなかった。

　大学（以下短大を含む）では、入学した学科により差はあるものの、必修科目を除いては自分で講義科目を選択し、卒業までの必要な単位数を取得するという能動的な姿勢に変わる。科目の選択次第では大学で定めた卒業までに必要最低限の単位を早く取得すれば、最終年次は就活に注力することができる。そしてめざす就職先で必要と思われる資格の取得も自分で企画し、順次計画的に取得すればいい。つまり大学生活では自分で受講科目の選択・資格取得、さらには余暇を利用してのアルバイトやボランティア活動などを計画的に行うことができる。

　高校ではクラスの担任教諭が手取り足取りしてあらゆる舵取りをしてくれた。大学進学や就職の進路指導も細かく指導してくれるため、高校の教諭の指示通りに過ごしていけば、充実した高校生活が過ごせる仕組みとなっている。大学ではそうはいかない。全て自己責任のもと自己管理が大変重要となってくる。そこで大学生活を有意義に過ごす学生とは反対に、うまく適応できない学生も出てくる。

　また、学生時代はあっという間に過ぎてしまう。ましてや短大・専門学校の学生にとっては、入学後にすぐ就活という「Time is Money.」の局面に向かうことになる。ぜひ後悔のない、心から満足できるような学生生活を過ごしたいものである。

❸-2　チューター、メンター制度とピア

　入学時から先輩学生が後輩たちの公私にわたる面倒をみるために、チューターやメンターという支援制度を採用している大学が多い。

　チューター (tutor) とは、大学における学習指導や助言を行う者で、同じ学科の大学院生がその役割を担うことが多いが、院生がいない場合は、大学教員がチューターとなる大学もある。語源的には家庭教師や塾の講師もチューターと呼ばれている。

　チューターの果たす役割は単なる学習指導に限らず、個人的な相談にまで支援の範囲は広がっている。メンタルな問題に関しては一般的に、キャリアカウンセラーや臨床心理士の有資格者を学内に配備し、必要なカウンセリングが実施されている。

　メンター (mentor) とはキャリア開発を行う上での指導や支援を行うと定義され、その果たす機能をメンタリング (mentoring) という。企業においても新入社員の公私にわたる指導を一定期間限定で行っている企業もある。

　新入社員は右も左もわからない状態でいきなり厳しい企業での競争の場に入るため、メンタルな悩みを抱えてしまうことが多い。そのため職場の領域を超えてメンターに選ばれた先輩たちが、若手の指導に効果を発揮している。

　またピア (peer 仲間) は、アメリカで1970年代初めに自立生活運動として始まったものである。同じ境遇にある仲間や同僚で、お互いに助け合おうとする行動をピアカウンセリングと言う。

　ピアはメンターと違って上下関係がなく、自由なコミュニケーションが取りやすいため、その関係が持続する、と言われている。入学直後の学生には常に自分の周りに相談相手や話し相手がほしいものである。いいピアを見つけて、学生生活を有意義にしてもらいたい。

高等学校でのキャリア教育の推進と実践

④-1　政府の考えるキャリア教育

　平成23年1月31日付中央教育審議会の答申で「高等学校におけるキャリア教育の充実・職業教育の充実」が発表された。これは平成20年に文部科学省所轄大臣からの指示で検討が始まり、30回にわたる審議を経てまとめあげられたものである。平成23年11月には「高等学校キャリア教育の手引き」も作成された。このようにキャリア教育の充実が叫ばれているが、高等学校側での対応として、政府が考えている「あるべき人材」の育成が真に実践されうるのであろうか。高校の現実問題として、高校教員の人数が制限され、しかも授業以外の部活指導や事務処理などに追われ、高度な人材育成について十分な時間がとれないのが現実のようである。

　平成23年度「文部科学白書」には、「我が国の子供たちは他国に比べ、将来就きたい仕事や自分の将来のために学習しようとする意識が低かったり、目的がはっきりしないまま高等学校へ進学したり『取りあえず』大学へ進学したりする生徒が多くいることが明らかになっており、子供たちが学校での生活や学び、進路選択に、はっきりとした目的意識を持って取り組めていないという様子が浮かび上がってきています。」とある。（平成23年度「文部科学白書」第2部第2章第7節 P.118）

　このことは大学生として入学してきた学生と向き合った時に歴然と感じる問題である。学生の中には第一志望でなかったが、入学試験で不合格となったり、家庭の経済状況などからしかたなく現在の大学へ入学したため、後悔の念が拭いきれず、4年間精神的に尾を引く学生も多くいる。こうした学生のなかには就活でも明確な目標を持って臨むことができず、やはり希望する進路に進めなく、社会に出ても悩み続けるという負のスパイラルを引きずるケースもある。

このように、高校でのキャリア教育が大変重要であることは言うまでもない。その不足分を大学のキャリア教育で全てをカバーする、というのでは大学教育の負担が大きくなる。

④-2　高校生の進路決定

高校生の卒業後の進路について、前述した文部科学省の「令和２年度学校基本調査」によると、「大学（学部）進学率（現役）」は54.4％、「専門学校進学率（現役）」は24.0％、「就職」は18.0％であった。ここでの問題点は、進学希望者に対し、高校１年生の12月には大半の高等学校が進路希望調査を行い、高校２年生４月からは完全に文系・理系・就職系と色分けした教育が行われているという事実である。筆者がキャリア教育を実践した高校でも同様で、高校2年生にどうして文系または理系を希望したか、という問いに対して明確に答える生徒は少ない。単に「理数系が得意・苦手」という単純な判断で区分けが行われるという重大な問題がある。平成27年３月にベネッセ教育総合研究所が高校３年生を対象に行った「高校生活と進路に関する調査」によると

自分の適性（向き・不向き）が分からない……56.3％
どういう基準で進路選択すればよいか分からない……43.7％

という結果が得られている（いずれも４年制大学進学予定者の回答）。

人生の大事な進路を高校2年生の時に既に決定することを余儀なくされ、そのまま大学に入学し、社会での就職先もおのずから方向性がある程度決まっているような状況を早くからつくりだしている。

カウンセリングが必要な学生が多くなっており、そういう学生は彼ら自身の問題以外に社会がつくりだしている問題に直面して悩んでいるケースも多いように思われる。もっとじっくり進路を考える時間を制度としてつくる、あるいは学生自身が、その時間をつくるように取り組むべきではないだろうか。日本では欧米と違って、一旦就職すると、いくら自分に合わない職業だとわかっても転職が難しい。そこで高校生への進路指導のあり

方や、教育の質の問題を真剣に考え実践する必要があるように思われる。

　欧米では自分の進路を何度でも考え直すことができるシステムが定着している。それは日本のような激しい受験競争や、大学卒業後の定期採用という社会システムが欧米とは全く違うことに端を発しているものと思われる。欧米では、定期採用という考え方がない。企業は必要な時にだけ、必要な人材を募集するため、大学卒業後すぐに経験もないのに企業に就職する、ということは有り得ない。

　そのため学生は大学卒業後、仕事探しをしながら、さらに専門性を高めるため専門学校に通ったり、再度別の大学に入学するなどして、スペシャリストをめざす。そして自分の専門性とマッチングした仕事を見つけるまで就活をしなければいけない。日本のような新規採用者を一から育てる仕組みとは全く違う。

　かつて日本では終身雇用という入社から定年までの長期間について雇用する制度があったが、欧米ではそのような長期雇用慣行制度はない。自分の専門性を見極めるため、何度でも進路変更をしながら自分に合った「天職」を見出し、働く満足感を得ようとするためであろう。

❹-3　高等学校でのキャリア教育の実践例

　平成19年4月、ある県の公立高等学校では初めてキャリア教育を行うべく、文科省から教育ＧＰの採択を受けた。同校からの依頼により筆者がキャリアコンサルタント有資格者数名のリーダーとしてその実践にあたった。

　対象は高校1年生及び2年生全員で、ホームルームの時間を利用してＳＧＥ（構成的グループエンカウンター Strategic group Encounterの略）という手法で生徒の将来の夢や進路について話し合い、社会人として必要なことは何か、またどんな職業があり、その内容は何かなどについてFace-to-faceで向き合った経験がある。

　そこでの経験と、現在大学教員として毎年入学してくる学生との対話から浮かび上がってくる問題は、高等学校でのキャリア教育が不足している

のではないか、ということだ。

　現在の日本の高等学校は、進学・就職のため、その確実性を上げるための教育が行われている傾向が強い。平成28年にキャリア教育に学校全体で取り組んでいる高等学校は66％ ((株) リクルートマーケティングパートナーズ調査) と報告されているように、高等学校でのキャリア教育のあり方について必ずしも全ての高校において徹底されていないのが事実であろう。

Column

就職とバイト

　就活で最も問われるのは「学生時代に一番力を入れたことや成果は何か」である。採用側にとっては、バイトでもいいが、それが入社後に企業人としてどう生かされ、企業で貢献できるか確認したいと思っている。バイトにいそしんだ学生は、学生時代で一番力を入れたことを聞かれるとはたと困ってしまう。多くの学生は「バイトで成果をあげ、責任者となりました」と答えざるを得ない。採用側は４年間バイトばかりしていたのか、勉強はしていないのであろうか、と再度質問しなくてはならなくなる。企業は学生の本分は勉強であり、社会人基礎力を十分身につけた人材を採用したいため、「４年間で一番の成果はバイト」と答えただけで不採用とするところもある。

　ではバイトが無駄かと言えば必ずしもそうではない、バイト先にもよるが、それが社会勉強となり企業では営業職として活躍する人も多い。バイトは家庭の経済的支援のため勉強の合間に行ったこと、さらにそれが入社後どう生かされるか、などがきちんと説明できればいい。

　経団連の「2015年度新卒アンケート調査結果の概要」によると、経団連会員企業のうち、新卒採用にあたり、「学業を重視した」と回答した企業が約半数にのぼっている点は注目すべきであろう。

⑤ 大学におけるキャリア教育

⑤-1 キャリア教育の実践

　現在多くの大学ではキャリア教育を実施している。大学におけるキャリア形成支援教育が始まったのは2000年頃からである。以降の推進の実態について、ジョブカフェ・サポートセンター（経済産業省事業）「キャリア支援／就職支援についての調査結果報告書（平成21年3月）」によれば、2009年頃には医歯薬系、芸術系といった一部の大学を除くと、ほぼ100％に近い大学で何らかの形態で取り組まれるまでに至っていた（実施している88％＋実施予定4％＝92％）。

　さらに2015年度の文部科学省調査では、キャリア教育を実施している大学は、授業科目など「教育課程内」が96.9％、特別講義など「教育課程外」が94.8％となっており、大半の大学が教育課程内・外でキャリア教育を実施している（「平成27年度の大学における教育内容等の改革状況について（概要）」p8-9）。

　また同調査で実施内容として想定された「勤労観・職業観の育成」「将来の設計」「労働法制上の知識」「インターンシップ」「資格取得」ほか様々な授業や特別講義のうち、いくつかについては8割前後の大学が実施していることから、かなりの大学で複数の科目や講義が実施されていることがわかる。2011年度の同調査では多くても7割前後の実施だったことから、キャリア教育の充実は徐々にではあるが進展している。

⑤-2 キャリアセンターの役割

　現在ではほとんどの大学にキャリアセンター（またはキャリア支援課・キャリアサポート課・就職課など）と言われる進路指導の専門部署が配置されている。そこにはキャリアコンサルタント等の専門家や相談員が常駐し、学生の進

路・就職相談に応じている。

　キャリアコンサルタント（またはキャリアカウンセラー）は特別な訓練を受けたカウンセリングのプロであり、学生の悩みや相談に対し、適切な対応を行うことができるため、大半の大学では社会経験豊富で、かつ国家資格を持ったカウンセラーを配置するようになってきた。

　キャリアセンターの主な役割は以下のとおりである。

①求人票の受付・公開

②就職セミナーの開催実施

③進路相談・カウンセリング

④面接指導

⑤就職率の把握・公開

　なお大学のキャリアセンターの業務は地域のハローワーク等との協働で行われている。ハローワークは主に、域内（県内）大学に来た求人（特定の大学指定でなく）情報を大学のキャリアセンターや学生に周知し、就職支援を行うものである。そのため学生にとってはまず所属大学のキャリアセンターに来た求人を第一に考えた方が採用される確率は高いと思われる。ただし、県外就職を考えている学生にはハローワークの広範な情報は大変有益であるため、ハローワークの活用も重要である。

❺-3　キャリアカウンセリングに必要な　　コミュニケーション力

　コミュニケーション能力は第三者に対する言語を使った意思疎通能力と非言語による意思疎通能力に区分される。一般にコミュニケーション能力という場合には前者を指すことが多いが、非言語による自己表現力や協調性などもコミュニケーション能力の大事な要素の１つである。

①言語による意思疎通

　言語を使った相手との意思疎通では口頭・文書・メール・電話などの言語手段により、相手にこちら側の言い分がきちんと伝えられるかどうかがコ

ミュニケーション能力の有無として評価される。意思疎通とはこちら側の一方的な言い分の通告ではなく、相手側の状況をも勘案して双方が納得の得られる会話ができることである。相手を屈服させてまで言い分を押し付けるのは意思疎通ではなく、それは通告であり、一方的な伝達である。よく言われる「ホウレンソウ（報告・連絡・相談）」が十分機能することが意思疎通である。

②非言語による意思疎通

　目は口ほどに物を言うと言われるが、相手に目で伝える「アイコンタクト」や受容態度としての「ラポールの形成」は相手側の受け入れ姿勢を柔軟化するのに役立つ。ラポールの形成とは特にカウンセラーがクライアントから「傾聴」する際に相手が心を打ち解けて話してくれるための準備ができたことが相手に伝わる受容態度のことである。ラポールの形成ができれば相手は自分を受け入れてくれている、と思って会話にスムーズに入れることとなる。

③主体性

　主体性とは自ら積極的に問題解決のために周囲や外部の関係者に働きかける力を指す。いわゆる「指示待ち族」では限られた時間内に課題の解決はできず、常に上司や他人に頼る癖がついてしまう。与えられた時間と経営資源（ヒト・モノ・カネ）を有効活用するためには、積極的に課題の解決に向けて第三者に働きかけを行っていく必要がある。そのためにもコミュニケーション能力を発揮しなくてはならないのである。ごり押しでは物事はうまく運ばない。

④協調性

　協調性とは特にチームワークを重視する評価尺度であり、会議や仕事を進める上で最も大切にされているものである。協調性とは「イエスマン」ではない。お互い環境も立場も違う者同士の会話では「Yes, But」方式で常に相手の意見を尊重しながら自分の意見を言う方法には協調性がある、として評価されるが、「No, No」方式は協調性に欠ける、と言わざるを得ない。つまり協調性とはチーム全体の方向性を尊重し、解決策に向けて前

向きな話し方や態度で臨み、チーム全体の成功に向けて努力する姿勢のことである。

❺-4　「傾聴」と「聞く」の違いについて

英語では「listen to」が「傾聴」に近く、「hear」が「聞く」に近い表現である。傾聴とは耳を傾けて相手の話や主張を聴くことであり、単にラジオから流れる音楽や放送を聞き流すこととは本質的に違う。

国家資格であるキャリコンサルタントの二次試験での評価の大半はこの傾聴が十分にできるかどうかで判定される。そのためには「うなずき」「あいづち」を打ち、クライアント（相談者）が安心して心を打ち解けてくれる姿勢ができるかどうかが試される。クライアントはカウンセラーの態度を見れば信頼がおけるかどうかが一目でわかるため、傾聴態度はそれだけ容易ではない。

❺-5　人間関係力 (Human Relations)

1924年から1932年にかけ、WE (Western Electric) 社のホーソン (Hawthorne) 工場で行われたホーソン実験というのがある。これはエルトン・メイヨー氏（後のハーバード大学教授）と心理学者のレスリスバーガー氏が中心となって行った生産性向上の立証実験である。当時はテーラーの「科学的管理法（生産性向上のためにはストップウオッチなどを使ったきめ細かい作業管理が必要という考え方）」が主流だった。

メイヨー教授らはその工場で組み立てられている電話回線のリレー組み立て現場で休憩時間、部屋の温度、照明などを変えてみるなど、あらゆる方法で生産性がどう向上するかを立証しようと試みたが、いずれの方法も長続きしなかった。この実験の結論としては、職場の上司と部下の意思疎通であり、連帯感や忠誠心など人間関係が生産性向上の一番のキーであるという考え方に至った。このホーソン実験の結果から「人間関係論」とい

う学問に発展した。いまや企業などでは人事部や人材 (財) 開発部などの英語名称にHRという単語を使うようになっている。

　人間関係力は生涯を通じて必要な能力である。どんな場面でも人間関係力の豊かな人は争いごとに巻き込まれることなく、心豊かな人生を送ることができる、と言ってもよい。

⑤-6　コンピテンシー

　コンピテンシー (Competency) という言葉がよく使われるようになった。コンピテンシーは英語の辞書に出てくるような単なる能力ではない。

　能力は英語ではAbility, Capabilityと表現され、これは目に見えて表現される力 (文章力、折衝力、語学力など) である。企業では社員の能力評定や職務階級を定める際に、それぞれの職位ごとにコンピテンシーを定義し、それに到達する度合いで昇格・評価をする場合がある。ではコンピテンシーとは何であろうか。

　コンピテンシーとは「高業績者がとる行動特性」と定義されている。つまり、高い業績を出す人がとる行動の特性のことである。

　例をあげると、最近ではスポーツの世界でテニスの大坂なおみ選手やMLBのロサンゼルス・エンゼルスの大谷翔平選手などが素晴らしい成果を発揮して話題となっている (かつて読売巨人軍から移籍したニューヨークヤンキースで四番打者として活躍した松井秀喜選手もコンピテンシーではよく話題となっていた)。もちろん天性的な身体能力というものもあるには違いないが、現在の成果を発揮するまでに本人たちの影に隠れた努力があるはずである。その努力の方法やノウハウが誰にもわかるようにマニュアルとして文章で書かれ (コンピテンシーモデルという) 確立できたとしたら、その行動レベルが目標・指標となり得るのではないか、ということである。

　これを企業内での資格で例えると、営業部門の課長に求められるコンピテンシーとは何か、部長に必要とされるコンピテンシーとは何か、というレベルの設定が客観的かつ明確に描ければ、昇格・昇進時の目安ともなり

得るのである。

　しかし、能力や行動特性というものは現実的には測定が困難な場合が多いため、現実的・具体的なレベルに噛み砕かないと抽象的な目標に終わってしまうことがあるので注意が必要である。

Column

初の女性副大統領の誕生

　2020年11月に行われたアメリカの大統領選挙において、ジョー・バイデン氏が第45代大統領ドナルド・トランプ氏を票数で上回り、2021年より4年間の任期で次期大統領に指名されることとなった。バイデン氏は副大統領にカマラ・ハリス上院議員をアメリカ史上初の女性副大統領に指名し、女性の政界支出の大きな足掛かりとなった。4年前にヒラリー・クリントン氏が惜しくもトランプ氏に敗れ初の女性大統領の夢は実現しなかったが、かつて英国ではサッチャー氏が英国初の女性首相として活躍し、現在はドイツのメルケル首相がやはりドイツ初の女性首相として政治の場で世界的な活躍している時代である。カマラ・ハリス氏は南アジア系黒人で、2020年は人種差別問題でアメリカは大きく揺れ動いた年でもあり、大きな話題となった年だけに、今回の人事はそういう差別問題をなくそうとするアメリカ政府の思惑かもしれない。また2020年はアメリカ女性参政権獲得の100周年にあたっており、バイデン次期大統領はこのことも配慮したのではないだろうかと筆者は推測する。カマラ・ハリス氏はサンフランシスコ地方検事を経てカリフォルニア州司法長官を歴任した素晴らしい経歴の持ち主であり、これからの政治手腕が期待される。

⑥ 教育と人材

　企業における経営の３資源は人・モノ・金であり、その選択と集中が経営における大きな柱として、企業の中長期経営計画が策定される。ところが、モノ・金をつくりだすのも、それらの価値を増減させるのも全て人であり、企業ひいては社会の発展はいかに有益な人材（財）を輩出するか、そして人の持てる能力を引き出し、さらにスケールアップしていくかが大きな課題である。特に資源の少ないわが国においては、人材（財）は最も大事な資源である。そのため小学校から大学までの教育機関での教育の果たす役割は大である。

　高校が単なる大学進学のための予備校的存在になってはならず、最後は社会人としての受け入れ先である企業にしわ寄せが来て、学生時代に不足していた精神面・技術面の補完を企業がOJTあるいは社員研修としてやらざるを得ないこととなる。

　豊かな時代に育った学生は新興国や欧米諸国の学生に比べ学習意欲面や精神面での弱さが目立つ傾向にあり、メンタル的に悩みを持つ学生たちが急増しているのも事実である。これらを大学の４年間で全て改善するのも困難があり、社会人となっても課題を引きずったまま家庭人となるという図式が見えてくる。大学で論語を教え、精神面の強化を図ろうとする教員がいるのも時代の変遷であろうか。

⑥-1　キャリアとは

　「キャリア」とは馬車の轍（わだち）が語源である。つまり、いつまでも並行して決して交わることのない永遠に続く人生を指すことからきたもの、と思われる。西暦79年のヴェスヴィオ火山の噴火により埋もれたイタリアの街ポンペイには、きちんと区画整理された町並みの石畳の上に馬車の轍が刻ま

ポンペイの遺跡と轍

れている。2000年も前のローマ時代、現在と同じような高度に発達した生活様式があったことをしのばせ、当時に思いをはせるとともに、ポンペイに残された馬車の轍は人生そのものの足跡である、と感じる。

「キャリア」という概念が日本に導入されたのはごく最近である。日本でキャリアというと、これまでは国家公務員のかつての上級職試験に合格して入省したエリート官僚を指すのが一般だった。

欧米の歴史を紐解くと、職業指導としての「キャリアカウンセリング」が20世紀初めに行われ、ここで「キャリア」という言葉が使われている。アメリカのボストン職業局でショウ夫人により組織的な「職業指導運動」が始まったのである（宮城まり子 [2002] p.20）。

その後「キャリア」という言葉が単に職業だけではなく、進路指導さらには人生・生き方というように広義的に解釈され、社会学者・心理学者によりキャリアに関する研究が広がった。

キャリア研究の第一人者であるスーパー (Donald. E. Super) は「キャリアとは生涯において個人が占める一連の立場-ポジションである」とし、「ある個人の職業生活の過程における一連の職業・職務・職位を示し、就職前と退職後に経験する立場を含むものである」とした。

その後スーパーはキャリア研究を重ね、1980年代に至り、キャリアを次のように再定義している。すなわちキャリアとは「生涯においてある個人が果たす一連の役割、及びその役割の組み合わせである」とした。スーパーはここでいう「役割とは子供・学生・余暇人・市民・労働者・配偶者・家庭人・親・年金生活者など多くの人が生涯のなかで経験する役割・立場である」と述べ、キャリアの概念の枠組みを拡大している（宮城まり子 [2002] p.11）。

❻-2　ライフステージとキャリアレインボー

　スーパーは「キャリアレインボー」(キャリアの虹) により、キャリアの発達には５つの段階 (ライフステージという) があり、人生にはそれぞれの段階に応じた役割があること。生を受け衰退するまでの人生は９つの役割過程を経て、それぞれが相互に影響しあいながらキャリアが発達してゆくことを表した。

図表 1-1　キャリアレインボー

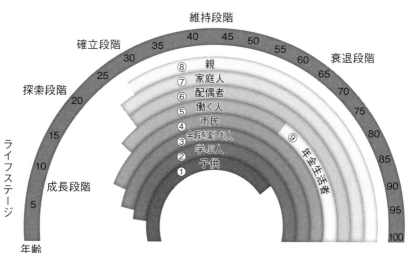

出典：D. E. Super (1980). A Life-Span, Life-Space Approach to Career Developement.
Journal of Vocational Behavior 16, pp.282-298 をもとに一部変更して作成

　もちろん、人の人生はそれぞれである。「状況的決定要因 Situational Determinants」もあれば「間接的・直接的」に影響を受けて役割が変わることもあり、また役割の組み合わせが変わることもある。「個人的決定要因　Personal Determinants」によっても変わってくる。就職しているときもあれば離職 (失業) している期間もあるだろう。それらの役割や期間は、他の役割や期間と相互に関係し、それらの組み合わせが、その人なりの生活空間やライフ・スタイルをつくっていくのだろう。

《５つのライフステージ》

   ①第１ステージ：成長段階（0〜14歳）

   ②第２ステージ：探索段階（15〜24歳）

   ③第３ステージ：確立段階（25〜44歳）

   ④第４ステージ：維持段階（45〜65歳）

   ⑤第５ステージ：衰退段階（66歳以降）

《９つの役割過程》

  ・子供

  ・学ぶ人

  ・余暇を楽しむ人

  ・市民

  ・働く人　・年金生活者

  ・配偶者

  ・家庭人

  ・親

　つまり、人間は生涯を通じてそれぞれの段階の役割を重ねながら発達し続ける存在なのである。

⑥-3　大学生活

　大学生はスーパーのライフステージでは、第２ステージの探索段階である「学ぶ人」にあたる。スーパーが言うようにまさに人生を模索・探索する時期にある。ここでは大学の教員・キャリアセンターなど色んな人生の先輩諸氏からの助言を得ながら自分の実現したい夢・希望の実現に向け試行錯誤しながら探索する時期である。

　学生時代は全く自由で、誰からも束縛されずに自分の思いとおりに動けるという意味では人生の中で最も楽しい時期とも言える。しかしながらこの短い学生生活はあっという間に過ぎ去り、過ごし方次第では何もしない

うちに終わってしまうかもしれない。この短い学生生活をいかに有意義に過ごすかで、残りの人生は大きく左右される、と言ってもよいだろう。

ましてや短大生にとっては、入学後自由な時間は1年次だけという短期決戦である。

❻-4　大学での学び

文部科学省の「学習指導要領等の改訂に向けた検討状況について、資料1-1 p.9」では学びについて下記のような図が説明されている。

図表1-2　学びについて

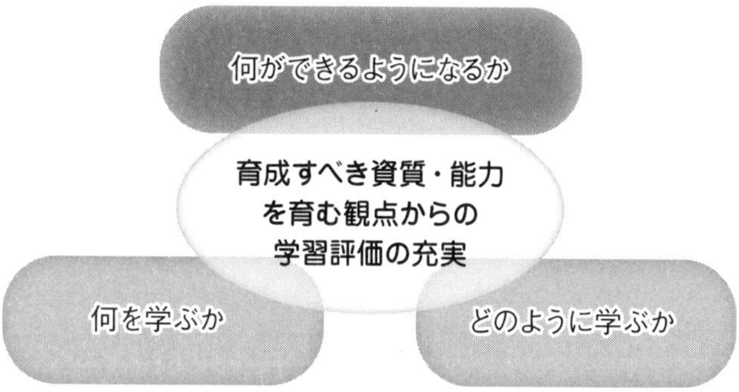

ここで問われる資質・能力とは、「主体性・多様性・協働性」「学びに向かう力」「人間性」の3つの柱であり、どのように社会・世界と関わり、よりよい人生を送るか、と説明されている。新しい時代とはグローバル社会であり、これからはあらゆることについて世界的な視野から考えてゆかねばならない。

学生にとってグローバル社会での学びで必要となってくることは語学力や、異文化を知ることである。日本人は語学力という意味では世界でも劣

っている国の1つといわれている。欧州の国々は複数の国と国境を境に接しており、多様な言語に幼少時代から触れる機会があることや、アルファベットという共通文字を使っていることなどから、自国語以外に2つや3つの言語の理解は普通であり、異国の言語理解にそれほどの努力を要しない。日本の学生にとっては、語学を学ぶために高額な留学費用と時間を費やさないと語学力を身につけることができないという大きなハンディキャップがある。

　グローバル社会への影響は第一次産業である農業にすら及んでいる。多国間協定、あるいは二国間協定により、「地産地消」にとどまらず、世界からの安価な農作物が輸入され、価格・品質競争が始まっている。またこれからは日本の良質な農作物を海外に輸出しなくては生き残りができなくなる時代がやってくる、と思われる。このようにこれからはあらゆる生活面において、世界的なグローバルな視野で考える力の養成が必要となってくる。

❻-5　大学生時代に取っておくといい資格

　在学中に取得したら就活に有利な資格は、学部学科によって異なるが一般的には、図表1-3を参考にしていただきたい（文系学生を対象）。

　全学部学科に共通して言える資格は英語力であろう。最近では企業が求める人材としてTOEICの点数が高い学生をあげる企業が多い。そのため、語学系や英文系の学生が優良企業に優先的に採用されることがある。上述の資格は計画的に取得していかないと就活が始まる4年生では遅く、少なくとも3年生までには必要な資格を取得しておくことが大切である。

図表 1-3　学科別代表的な資格一覧

英文学系	TOEIC、TOEFL	英語検定
	ＴＯＥＩＣ（トーイック）は英語力の世界共通テストで、国際ビジネスコミュニケーション協会運営。外資系企業等の採用目安。ＴＯＥＦＬ（トーフル）は米国等留学希望者向け英語力テスト。主催はＥＴＳ（米国の民間教育研究機関）。	「英検」は累計9,500万人志願者を数える試験で日本英語検定協会実施。グローバル指標の「英検ＩＢＡ」や留学・移住者向け「ＩＥＬＴＳ（アイエルツ）」、ケンブリッジ大学機関と提携のビジネス英語テスト「ＢＵＬＡＴＳ」も実施。
	外務省専門職員	旅行業務取扱管理者	通訳案内士
	「外交官」と呼ばれる国家公務員。在外公館と東京の外務省で勤務。「外務省専門職員採用試験」の内容は国際法、憲法、経済学のうち1科目と、論文、外国語、面接、グループ討議など。2018年の在籍者は約1,700人、うち女性は600名。	旅行取引の責任者の国家資格。旅行会社の営業所ごとに1名置くことが法律で定められている。「国内」、「総合」（海外含む）、「地域限定」の各旅行業務取扱管理者資格がある。試験は年1回で、内容は旅行業法、旅行実務そのほか。	「全国通訳案内士」は観光庁による国家資格。試験は英語などの外国語、日本地理、日本歴史、一般常識、通訳案内の実務など。「地域通訳案内士」は、特定地域の歴史・地理・文化等に精通した者で、各自治体の研修受講を通じて登録。

日本文学系	硬筆検定	漢検（日本漢字能力検定）
	日本書写技能検定協会が実施する「硬筆書写技能検定」は「ペン字検定」から名称変更された。文部科学省後援で、年3回全国的規模で実施。1～6級まである。1級に合格すると、指導者証及び認定書が交付され、ペン字教室を開ける。	日本漢字能力検定協会による漢字能力の技能検定。1～10級がある。受検方法は「個人受検」（全国約180か所、年3回）、「団体受検」（学校や企業など10名以上）、「漢検ＣＢＴ受検」（会場のコンピューターを使い都合よい日程で）。
	書道検定	司書	学芸員
	日本書写技能検定協会が実施する「毛筆書写技能検定」は文部科学省後援。年3回全国規模で実施される。1級（大学・一般程度）～6級（小学校低学年程度）がある。1級合格者は指導者証及び認定書が交付され、書道教室を開ける。	公共図書館等で書籍等の図書館資料の選択、発注から貸出、読書案内などを行う専門的職員。「司書補」は司書を補助。資格は司書講習ほか大学・短大の単位履修で取得できるが、仕事は自治体の採用試験を受けて配属される必要がある。	博物館の収蔵・展示品などの収集、保管、展示及び調査研究などの専門的職員。「学芸員補」は学芸員の業務を補助。資格は大学・短大の単位履修や文部科学省の資格認定で得られるが、仕事に就くには博物館等で任用される必要がある。

経済・経営・商学部系	**日商簿記検定** 日本商工会議所と各地の商工会議所が実施する、簿記の公的試験。簿記1級（合格者は税理士試験の受験資格が得られる）〜3級は各地の商工会議所で年3回程度実施。各地のネット試験会場で受検できる簿記初級や原価計算初級もある。	**FP検定** ＦＰ（ファイナンシャル・プランナー）は貯蓄・投資等の立案・相談を行う。国家資格「ファイナンシャル・プランニング技能士検定」を金融財政事情研究会と日本ファイナンシャル・プランナーズ協会が実施。同協会の独自資格もある。
外務員 日本証券業協会員の証券会社や銀行等に所属して金融商品取引業務を行う者は、同協会の「外務員資格試験」に合格して登録が必要と法律で定められている。試験内容は金融関係法令や株式・債券等の商品業務、財務諸表、企業分析など。	**税理士・公認会計士** 「税理士」は税申告や税務相談を行う。「税理士試験」の受験資格は「大学又は短大卒業者で、法律学又は経済学を1科目以上履修した者」等。「公認会計士」は企業の会計監査をする国家資格で、医師、弁護士と並ぶ「3大難関資格」。	**社会保険労務士**(社労士) 企業の依頼を受け、社会保険手続きや労務管理の相談指導、年金相談、労働に関する紛争解決手続き代理などを行う国家資格。全国社会保険労務士連合会の「社会保険労務士試験」合格後、社労士名簿登録（実務経験か講習修了が条件）。

心理学系	**キャリアコンサルタント** 職業選択や能力開発相談の専門職で国家資格。ハローワークや学校、企業で活動。「キャリアコンサルタント試験」をキャリアコンサルティング協議会と日本キャリア開発協会実施。「キャリアコンサルティング技能士」国家検定もある。	**産業カウンセラー** 心理学的手法で、メンタルヘルス、キャリア形成、人間関係・職場環境などの問題を働く人が自ら解決できるよう援助する心理職資格。日本産業カウンセラー協会の民間資格で、「産業カウンセラー養成講座」修了後に、試験合格で取得。
臨床心理士 日本臨床心理士資格認定協会が認定する心理専門職。職場は精神神経科など医療・保健機関や学校、児童相談所、家庭裁判所、企業の相談室など。資格取得には、心理学専攻の指定された大学院修士課程修了後に、筆記・口述試験がある。	**メンタルヘルス系資格** 「公認心理師」は心理に関する指導などを行う国家資格で、受験には4年制大学と大学院で法定の心理学関係科目の修了が必要である。民間資格としては、各種の「心理カウンセラー」をはじめとして、様々な機関が運営するものがある。	**介護福祉士** 身体や精神の障害を持つ人の介護を行う国家資格。病院、特別養護老人ホーム、デイケアセンターや障害福祉サービス事業所等で活動する。別名ケアワーカー（ＣＷ）。資格取得は指定養成施設の修了や「介護福祉士国家試験」などによる。

	秘書検定	国際秘書検定
秘書系	実務技能検定協会が運営・実施する「秘書技能検定試験」は文部科学省後援。1～3級がある。試験は全国で実施。筆記試験や面接により、理論領域（必要とされる資質、職務知識、一般知識）と実技領域（マナー・接遇、技能）を測る。	「CBS（Certified Bilingual Secretary）検定」は、日本秘書協会が実施。英語と日本語を使いこなし、実務処理能力、人間性ともに優れたオフィスプロの育成を目的とする。準CBS資格取得を経てCBS資格の受験が可能となる。
ビジネス実務マナー検定	医療事務	司書
判断・行動、人間関係やマナー、話し方など「ビジネス社会の基本ルール（＝職場常識）」の知識や行動の検定。実務技能検定協会が実施し、1～3級がある。試験内容は理論（必要とされる資質、企業実務）と実務（対人関係、技能）。	医療事務関係は、日本保険医療事務協会の「診療報酬請求事務能力認定試験」等をはじめとして、民間資格が多数ある。なかでの選択は難しいが、難易度や中心とする業務（レセプト・受付など）の特徴が少しづつ異なる点に留意したい。	公共図書館等で書籍等の図書館資料の選択、発注から貸出、読書案内などを行う専門的職員。「司書補」は司書を補助。資格は司書講習ほか大学・短大の単位履修で取得できるが、仕事は自治体の採用試験を受けて配属される必要がある。

	教員免許	保育士
教育系	幼稚園、小学校、中学、高校などの教員に必要な免許状。目的の免許状に対応した教職課程のある大学・短期大学で必要科目・単位を修得して卒業、教育委員会に申請して取得。そのうえで教員採用試験に合格し採用される必要がある。	保育所など児童福祉施設で子供を保育する国家資格。取得は指定保育士養成施設の卒業か、全国保育士育成協議会の試験合格で。受験資格は大学等（大学院、大学、短期大学、保育系専門学校）卒業か、大学2年以上在学と必要単位取得。
プレゼンテーション力検定	マイクロソフト　オフィス　スペシャリスト（MOS）	硬筆検定
「ACEP認定プレゼンテーション検定（プレ検）」は伝える力、コミュニケーション力の検定で、プレゼンテーション検定協会が実施。1～準3級がある。内容は実技・論文・面接など。「プレゼンテーション力検定試験」を名称変更。	エクセルやワードなどの利用スキルを証明する資格。各ソフト別に分かれており、ワードとエクセルはスペシャリスト（一般）とエキスパート（上級）の2レベルがある。全国各地の会場で試験実施される。	日本書写技能検定協会が実施する「硬筆書写技能検定」は「ペン字検定」から名称変更された。文部科学省後援で、年3回全国的規模で実施。1～6級まである。1級に合格すると、指導者証及び認定書が交付され、ペン字教室を開ける。

出典：各資格の情報は運営機関等のホームページを参考に作成（2018年12月25日）。

❻-6　総合職と一般（事務）職

　かつては女子学生の採用形態として総合職と一般（事務）職に分けて採用が行われていたが、大企業を中心に徐々にこうした分類がなくなり、全員を総合職として採用する企業が増えてきた。その理由として、パソコンの普及によって業務のシステム化が進んだり、派遣社員といった就業スタイルが定着したりなど、一般（事務）職への採用ニーズ自体が少なくなってきたことがあげられる。

　女子学生の場合、総合職と比較検討しないまま、一般（事務）職を希望しているケースが少なくない。しかし、女性であるから、転勤がないから、サポート的な業務ならできそうだからなど、安易な選択であるなら控えたほうがよい。任された仕事を責任をもって遂行しなければ業務全体が滞ってしまうことを自覚し、システム化が進む中でも自分が担当するからこそ（自らの強みを生かし）付け加えられる成果をやりがいにしてほしい。担当する仕事のエキスパートとなり活躍することが企業の期待である。

　一方、総合職は、主体的に業務を企画・遂行していき、将来の管理者候補として幅広く業務経験を積むことが期待されている。近年は総合職として女子学生を積極的に採用する企業が多くなっているが、これは、学業に積極的に取り組んでいることやコミュニケーション力が豊かであるなど優秀な学生に女性が多いこと、女性が組織で当たり前に働くことで社内の価値観や文化が男性的なものから多様なものへと進化でき、これが業績向上に有効であると考えていることなどが背景にある。総合職と一般（事務）職のどちらを選ぶかは、自分らしい選択でよいが、それぞれへの期待の違いを踏まえて検討してみる必要がある。

英文科卒業生と金融の仕事

　某地方銀行の窓口で応対してくれた女性は、英文科卒業の女性だった。もともと金融関係は商学・経営学系学生の独壇場だったが、近年は英文科系の学生の金融業（銀行、証券会社、生命保険・損害保険会社など）への進出がめざましい。

　英文科だから簿記会計など全く知らないまま入行しているが、強みは何といっても英語力である。行内での仕事では、外国からの小切手の処理や、外国への送金業務などが増えており、英語で宛先を書いたりすることが多くなったそうである。また外国からのお客も多く、窓口業務ではいきなり英語のやりとりをすることも多いという。そういう点では英語力のある学生は期待されるようだ。簿記会計の知識は当然必要だが、借り方や貸し方の違いや仕訳の仕方を知らなくても、すぐには仕事には支障がないようだ。

　一方、商学・経営系の学生は、簿記会計には強いが英語力に弱点があり、外国人に対面した場合に英語ができる者に代わってもらわないといけない、という弱みがある。

　こうした例は金融業にとどまらない。製造業の経理事務においても輸出系企業では会計学を専攻した学生より、英語力を優先して採用する企業が増えている。つまり、簿記会計はＯＪＴ（仕事中での業務研修）でもすぐマスターできるが、英語力はそう簡単には身につかないためであろう。このようにあらゆる場面でグローバル社会では語学力が優先される時代となっている。

❻-7 外資系企業について

　多くの学生は外資系企業についての知識が薄いといっていいと思われる。就活を行う際に、外資系企業について興味を持つ学生は増えつつあるとはいうものの、学生が一般に持つ外資系に対するイメージは、瞬時に解雇を言い渡される、退職金や賞与がない、いつ日本から撤退するかわからない、英語力が必要、などマイナスイメージが強い。

　英語力が必要なのは事実であるが、その他の項目は必ずしも事実ではない。むしろ在日外資系企業は日系企業よりも日本的、と言える企業が多い。

　解雇に関しては、日本に在住する限りは日本の労働基準法に準拠しなくてはならず、合理的な解雇理由を除いては不法な解雇は認められないため、学生が思っているような、あるいはアメリカ映画で観られるような突発的解雇はあり得ない、と思っていい。むしろ外資系のよさを知るべきであろう。それはまず契約社会であり、社員の業務はあらかじめ、契約時にMBO（Management By Objectives）と言われる目標管理制度により、双方が納得の上で決められている。人事評価に関しては、ガラス張りであることが多く、上司との話し合いをもとに個人の主張をする機会も与えられている。

　評価に関しては、日系企業の方がもっとグレーであろう。話し合いが苦手な日本人上司は本人との話し合いなしで勝手に評定をつけてしまうケースが多い。また外資系企業では休暇も取得しやすい。多くの外資系のトップは外国人であるため、夏休暇や冬休暇は母国に帰省し、2週間程度の休暇をとるため、部下である日本人も休暇が取得しやすい、というメリットがある。

　外資系企業に対する理解を深め、公平な観点から企業研究をすれば、外資系企業も就活の対象となってくるであろう。在日外資系企業数は東洋経済のDATA SERVICEによると、主要企業だけでも3千社を超える。

　外資系企業の具体的な現状は、通商産業省の定期的調査が参考になる。2017年8月1日に5,662社を対象に実施され、3,217社の情報が集計された「第51回外資系企業動向調査」では以下のようになっている。

まず「どこを母国とする」企業が多いかという割合は、ヨーロッパ系企業が1,426社で44.3％と最多を占める。アメリカ系企業が769社で23.9％、アジア系企業が827社で25.7％である。前年に比べてヨーロッパ系企業が少し増えており、アメリカ系は減少傾向だ。

　「業種別」では、卸売業が1,259社で39.1％を占めて最多である。輸出入業務を行う商社などがこれにあたる。次いでサービス業、情報通信業の順である。

　会社の「所在地」は、関東圏に2,660社、そのうち東京都が2,167社で全国の67.4％を占めて最多である。次いで神奈川県10.0％、大阪府5.3％となっている。

　日本での今後の「事業展開」については、過半数（57.8％）の企業が事業拡大を予定している。日本で事業展開する魅力は、「所得水準が高く、製品・サービスの顧客ボリュームが大きい」ということが6割（61.9％）でもっとも大きい。次いで「インフラ（交通、エネルギー、情報通信等）が充実している」（47.6％）、「製品・サービスの付加価値や流行に敏感であり、新製品・新サービスに対する競争力が検証できる」（同46.7％）である（複数回答のため合計は100％にならない）。

　常時の従業者数の総数は51.9万人である。事業展開に積極的なため、今後1年間の「雇用見通し」では、「増員する」が38.0％、「現状を維持する」が59.3％である。つまり外資系企業への就職の門戸は確実にあるといえる。

　ただし日本で事業展開する上での阻害要因は、「人材確保の難しさ」が49.5％で、年々上昇している。最多は「ビジネスコスト（人件費・税負担・事務所賃料）の高さ」73.3％である（複数回答）。

　その「日本人の人材を確保する上での阻害要因」は、「英語でのビジネスコミュニケーションの困難性」が55.8％で最も多い。以下、「給与等報酬水準の高さ」51.9％、「労働市場の流動性不足」34.7％、「募集・採用コスト」32.6％、「厳格な労働規制」23.9％、「法定外福利費水準の高さ」19.8％（複数回答）が続く。

　上記については、英語の能力が求められることは当然として、逆に見れ

ば給与の高さや福利厚生の充実など、働く側にとっての好条件の必要性を企業が強く意識しているといえる。ハードルはあっても、さまざまな意味で挑戦し甲斐のある職場といえるのではないだろうか。

❻-8　日本型経営から「成果反映型経営」への転換

　年功序列、終身雇用、企業内組合に代表される「日本型経営」も日本がデフレに陥る直前の1980年代からすでに年功序列・終身雇用という伝統的な日本式人事方式が維持できなくなり、欧米型の「成果反映型経営・人事方式」を導入する企業が増えていった。その先陣を切ったのがＦ社であった。Ｆ社は日本でもいち早く「成果反映型経営・人事方式」に移行したが、何らかの事情により、すぐに元の「日本型経営・人事」方式との折衷方式に切り替えたことで有名である。

　成果反映型方式に向かったＦ社の経営上、どんな問題が起こったかは定かではないが、日本人は先述のMBO方式など人間同士の対話・話し合いが下手なためではないか、と思われる。日本型人事方式も、欧米式成果反映型人事方式にも双方に優れたシステムがあるため、昨今ではその折衷案を採用している企業が多くなっている。

ゼネラリストとスペシャリスト

　これは筆者が身をもって経験したことである。筆者は企業時代には財務と人事労務の仕事に長く携わった。某外資系企業の人事労務関連の国際会議に何度も参加した。日本からは筆者が代表で出席し、人事労務関係のあらゆるテーマ（福利厚生、年金、人事制度、給与体系、賞与など）を一人でこなすのが普通と考えていたが、欧米の国からの参加者はテーマごとに参加者が交替する。つまり福利厚生の専門家と年金の専門家は担当者が違うのが普通で、日本のようにゼネラリストが一人でこなすのは普通ではない、というのだ。

　その代わり、個別テーマについて狭く深い知識を持っているのは事実であり、微細なことになると筆者は歯が立たない場面も経験した。これが欧米式スペシャリストなのである。

　こういう文化は日本では定着は無理であろう。AI化による事務効率化と経費節減が大きな課題である現状では、こうした複数の人材を雇用することなど、時代がいくら変わっても有り得ないかもしれない。

この章の参考文献

「私立大学学生生活白書 2018」一般財団法人日本私立大学連盟学生委員会（2018 年）

「令和 2 年度学校基本調査」文部科学省（2020 年）

平成 23 年 1 月 31 日付中央教育審議会の答申「高等学校におけるキャリア教育の充実・職業教育の充実」

「キャリア支援 / 就職支援についての調査結果報告書」ジョブカフェ・サポートセンター（経済産業省事業）2009 年

文部科学省「学習指導要領等の改訂に向けた検討状況について　資料 1-1」

『キャリアカウンセリング』宮城まり子 駿河台出版社（2002 年)

『キャリアカウンセリング入門』渡辺三枝子 +E. L. ハー　ナカニシヤ出版（2001 年）

2章

章

女性と働き方

女性が活躍できる社会へ

　2020年までに企業等で働く女性管理職の割合を30％にしたい、というのが政府の方針（2011年閣議決定）であったが、「平成30年度雇用均等基本調査」によると2018年度における課長担当職以上の女性比率は11.8％であり、目標にはほど遠い。年齢別の労働力率では、日本の女性は決して欧米に遅れをとっているわけではない。しかもいわゆるM字カーブと言われる現象もわずかではあるが変わりつつある。

　ではなぜ女性の管理職が少ないのか、また女性が活躍している企業が少ないのか、理由は複雑である。現象面だけを捉えると、非正規雇用という労働形態をとる女性が多いように見える。その要因は一度辞めてしまうと正規での再就職が難しくなるため、やむを得ず非正規雇用となっているものと思われる。また第三号被保険者問題、130万円問題など税制面での課題や日本独自の社会風習などもある。こうした課題を抜きに女性管理職を増大する、という政策の具現化には多くの困難が伴うものと思われる。地方公共団体はじめ各種機関がこのテーマへの積極的な取り組みを始めているが、これといった有効策を見い出せていない。

　欧米では女性の社会進出がごく普通のことであり、社会問題として取り上げること自体が不自然に思われるが、日本ではなぜ話題となるのだろうか。国政レベルでも女性のための就業環境整備が遅れているばかりでなく、そのほかにも様々な原因と課題がある。本章では国際比較や国内での就業環境、また就業意識などの調査をふまえ、日本の女性の就業実態について論述する。

女性の就業状況

❷-1 女性の就業と国際競争力

❷-1-1 国際競争力

　スイスのIMD（国際経営開発研究所）が2020年6月に公表した「国際競争力年鑑2020」において日本は2015年度の27位から過去最低の34位へとランキングを7つも下げた。アジアでは、シンガポール（1位）、香港（5位）、台湾（11位）、中国（20位）、韓国（23位）などと軒並み後塵を拝し、とてもアジアのリーダーとは言い難い。かつてバブル期では日本は首位を占めていたが大幅な凋落である。この国際競争力は63か国が調査対象で、日本は政府部門の財政効率性は63国中41位、ビジネス部門効率性はほぼ最下位の55位。日本の課題はそれだけではなく、デジタル化の遅れ・語学力・女性の活用度の低さも指摘されている。

図表2-1　IMD 国際競争力ランキング 2015

順位	国名	順位	国名
1	シンガポール	11	台湾
2	デンマーク	12	アイルランド
3	スイス	19	英国
4	オランダ	20	中国
5	香港	21	アイスランド
6	スウエーデン	23	韓国
7	ノルウェー	27	マレーシア
8	カナダ	29	タイ
9	UAE	32	フランス
10	米国	34	日本

出典：「IMD 世界競争力２０２０からみる日本の競争力」（三菱総合研究所 2020 年 10 月）

❷-1-2　格差指数

　また世界経済フォーラム（WEF）が2018年12月18日発表した「世界男女格差年次報告2018」によると日本の男女格差は対象国149カ国中125位で先進国ではほぼ最下位にランクされている。

　男女格差指数とは経済・教育・政治・健康の4分野について男女共同参画のレベルを評価したもので、限りなく1.0に近いほど男女格差が少ないことを意味する。

　アイスランドが0.858でトップ、またノルウェー0.835、スウェーデン0.822と北欧諸国が高位で、日本は0.662と韓国の0.657とほぼ同レベル、とみなされており、女性の活用度が最低レベルであるというのが国際的な評価である。

図表2-2　世界の男女格差指数

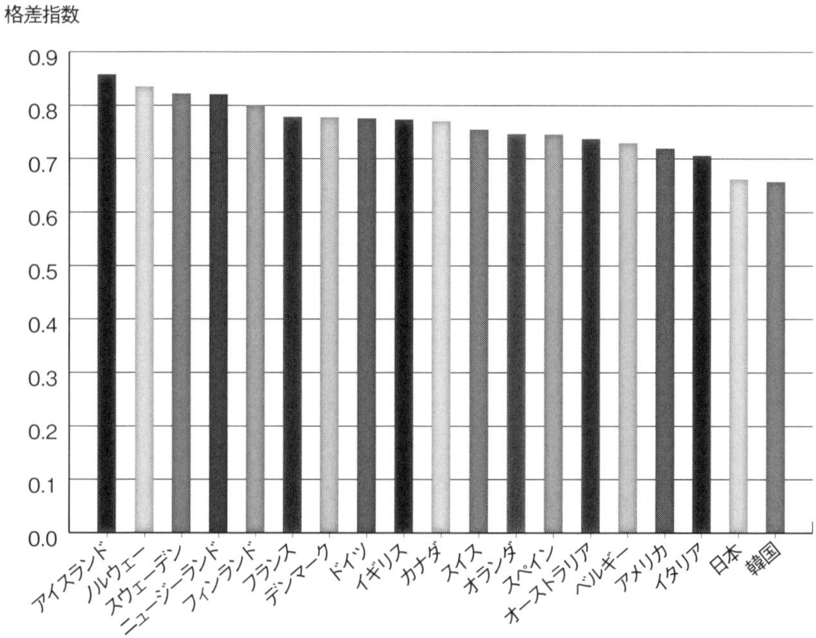

格差指数

出典：「World Economic Forum Global Gender Gap Index 2018」より筆者作成

図表2-3では、30〜34歳（M字カーブの底）について日本より国際競争力が上位のアメリカ、イギリスおよびOECD加盟国平均と日本の女性労働力率を比較してみた。このグラフからは決して女性の労働力率が国際競争力優位国に大きく遅れをとっているようには思えない。

　むしろ近年では日本の女性の労働力率は平成29年度は平成12年度より18％も増加し、OECD加盟国平均より大きく上回った。

図表 2-3　主要国の女性の年齢階級別労働力率（平成 12 年・29 年）

	アメリカ	イギリス	OECD 平均	日本
平成 12 年	75.5	74.2	66.1	57.1
平成 29 年	74.5	79.6	71.9	75.2

出典：総務省統計局「労働力調査（基本集計）」より筆者作成

❷-2　M字カーブ

　女性の労働力率（15歳以上人口に占める労働力人口の割合）は、結婚・出産時期にあたる年代に一旦低下し、育児が落ち着いた時期に再び上昇すると言われており、これがM字の形態を描くことから「M字カーブ」と一般に言われている。

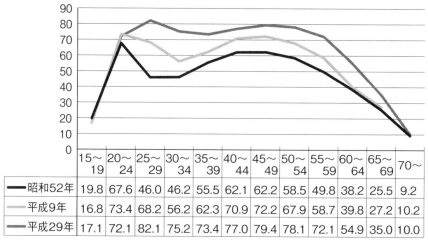

図表 2-4　女性の年齢階層級別労働力率の推移

	15～19	20～24	25～29	30～34	35～39	40～44	45～49	50～54	55～59	60～64	65～69	70～
昭和52年	19.8	67.6	46.0	46.2	55.5	62.1	62.2	58.5	49.8	38.2	25.5	9.2
平成9年	16.8	73.4	68.2	56.2	62.3	70.9	72.2	67.9	58.7	39.8	27.2	10.2
平成29年	17.1	72.1	82.1	75.2	73.4	77.0	79.4	78.1	72.1	54.9	35.0	10.0

出典：内閣府「男女共同参画白書　平成30年版」より筆者作成

　これまで日本の女性の就業についてよく言われてきた「M字カーブ」に、少し変化が見られる。図表2-4からわかるように従来型M字カーブからなだらかな台形の近似形へと変化が見られる。25～29歳及び30～34歳において昭和52年から平成29年の40年間に女性の就業率はそれぞれ36.1ポイント、29.0ポイントと急増しており、もはや「M字カーブ」という表現はできなくなった、と言っていいのだろうか。

　女性白書2013年では「働く女性が増え、年代によってM字型の底の部分は多少浅くなったけれども、先進諸外国のようにM字型から台形型へと変化したわけではない。日本では性別役割感が固定的であるため、女性は労働市場に出たり入ったりを繰り返し、サラリーマン世帯でも共働きになったり、専業主婦になったり変転する場合が多い。」と述べておりM字カーブの現存を肯定している。(女性白書2013 p.18)

❷-3　女性の非正規雇用者の増加

　非正規雇用者とは一般的に①有期契約労働者②派遣労働者③パートタイ

ム労働者のいずれかに該当する就業形態を指す。

　総務省統計局データから、日本の2019年度における15歳以上の平均労働力人口は6,897万人で前年度より58万人増加している。このうち、非正規雇用者は2,165万人で全体の31.3％である。女性の労働力人口総数は3,070万人であるが、その48％にあたる1,475万人が非正規雇用者であり、前年度より24万人の増加となった。これに対し男性の非正規雇用者の比率はわずか18％である。このように働く女性が増えている一方で非正規雇用の女性が増加しているのが現状である。（総務省統計局「労働力調査総括表2019年」)

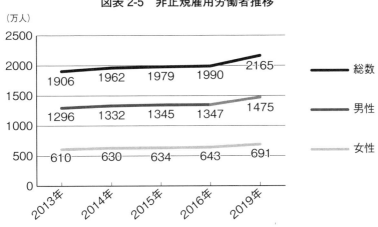

図表 2-5　非正規雇用労働者推移

出典：総務省「労働力調査」（2019 年）平均より作成

❷-4　短時間労働の実態

　次に世界比較のために「データブック国際労働比較」から短時間労働者について比較してみたい。ここでいう短時間労働者とは「主たる労働において、通常の労働時間が週30時間未満の者」である。

　図表2-6が示すようにワークシェアリングが進んでいるオランダでは、女性就業者の約60％が短時間労働者（パートタイム労働者）であり、オーストラリア・イギリス・日本・ドイツでは４割近くが短時間労働者である。短時

間労働者も非正規雇用者の一部であると考えれば、女性のワーライフバランスを重視した就業形態が進化している、とも考えられる。

図表 2-6　女性就業者に占める短時間労働者の割合

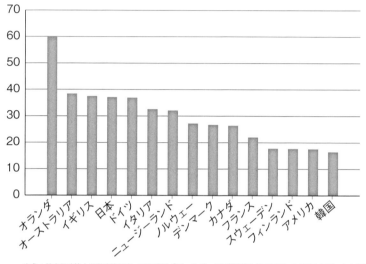

出典：独立行政法人労働政策研究・研修機構「データブック国際労働比較 2018」の 2016 年データより筆者作成

　女性が非正規雇用を選ぶ理由は総務省「労働力調査（詳細集計）」（平成27年）によると、「正規雇用の仕事がないから」は13.1％で、平成25年度の同調査とほぼ同率で変化していない。最大の理由は「自分の都合のよい時間に働きたいから」で27.7％。2番目の理由は「家計の補助・学費を得る」が23.8％と、平成25年度の同調査では最大の理由にあげられていた項目が3％も減少している。以上から多くの女性がワークライフバランスを考慮した柔軟な働き方を選択しているものと思われる。

　では短時間労働者の多いオランダ、全てにバランスがとれているノルウェー、短時間労働者比率の低いアメリカ、さらに短時間労働比率が日本と近いドイツとの比較を試みたい。

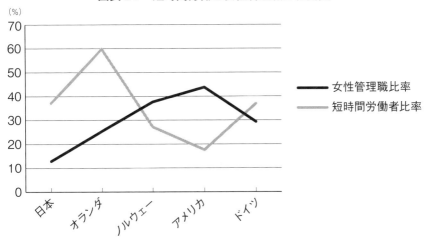

図表 2-7　短時間労働と女性管理職の相関表

凡例:
女性管理職比率
短時間労働者比率

出典：独立行政法人労働政策研究・研修機構「データブック国際労働比較 2018」より筆者作成

　図表2-7から短時間労働比率の高いオランダ・ドイツ・日本では女性管理職比率は相対的に低く、短時間労働比率の低いアメリカでは女性管理職比率が圧倒的に高いことがわかる。つまり短時間労働比率が高ければ、相対的に管理職比率が低いという相関関係があるように思える。

③ 女性の職業観とポジティブアクション

　「夫は外で働き、女性は家庭を守るべき」という考え方に対し、1992年の調査では「どちらかといえば賛成」37.1％、「賛成」23.0％であった。四半世紀 (つまり約1世代近く) 後の2016年調査では31.7％と8.8％に減少した。一方「どちらかといえば反対」と「反対」は、1992年度は24.0％と10.0％だったが、2016年度は34.8％と19.5％に大きく増加している。

　世代別に見ても18歳から69歳まで各世代を通して、「どちらかといえば反対」「反対」とも、「どちらかといえば賛成」「賛成」より多くなっている。70歳以上のみ「どちらかといえば賛成」33.8％が「どちらかといえば反対」28.7％より多いが、この世代でも「反対」16.9％が「賛成」14.5％より多い。就労意欲の高まりが全体的傾向であることが伺える。

　また「女性が職業を持つことについて」の考え方でも、「子供ができても、ずっと職業を持ち続ける方がよい」に54.2％が賛成 (1992年では23.4％) であり、過半数を占めるまで大幅に増加した。一方「子供ができたら職業をやめ、大きくなったら再び職業を持つ方がよい」は26.3％ (1992年では42.7％) と減少している。近年になるつれ、継続的な就労意欲の高揚が見られる (内閣府「男女平等に関する世論調査」(1992年)、「男女共同参画に関する世論調査」(2016年))。

③-1　女性の管理職割合と格差

　女性の管理職割合を30％にする、というのが国の方針であったが、現在の実態は大きくかけ離れている。

　厚生労働省「平成30年度雇用均等基本調査 (確報)」によると2018年度における企業の課長担当職以上 (役員含む) における女性比率は11.8％で、前年比0.3％の微増となっている。

　ただし、企業規模で比較すると、従業員5,000人以上の大企業ではわず

か11.2%なのに対し、100人未満30人以上の企業では13.3%であり、小規模企業ほどその割合が大きくなっている。

　一般的に女性管理職を増やす、というのは大企業が率先垂範（すいはん）するイメージがあるのに、実態は逆で小規模企業ほど女性の登用が進んでいることがわかる。

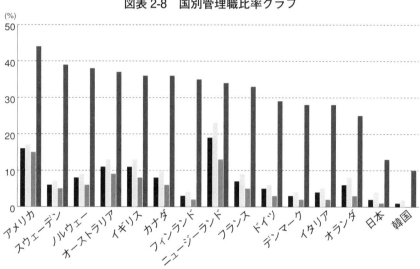

図表2-8　国別管理職比率グラフ

出典：独立行政法人労働政策研究・研修機構「データブック国際労働比較2018」pp107-114より筆者作成

　厚生労働省「平成25年度雇用均等基本調査」によると女性管理職を登用しない理由は以下のようになっている。

①現時点では必要な知識や経験、判断力等を有する女性がいない。（58.3%）

②女性が希望しないため。（21.0%）

③将来管理職に就く可能性のある女性はいるが、現在管理職に就くための在職年数等を満たしている者はいない。（19.0%）

　こうした判断の多くは企業側の論理であり、これまで優秀な女性社員を

育成してこなかった企業側にも責任がある。これからは判断基準を見直す必要があろう。

　通常管理職とは課長以上を指し、組合員からの脱退や残業手当がつかないなど、組合員である一般従業員とは人事制度上区別されており、年俸制が適用されるなど給与体系も大きく違っている。管理職となれば会社経営側の立場に立った言動が求められる反面、賞与・企業年金などは優遇され、一般社員のままでいる者とは生涯賃金に大きな影響が出ることが多い。

　いくら国の方針だからといっても「見せかけ管理職」として、待遇面は一般社員のままで残業手当を支給しないなど、会社側の論理で管理職を急増させることは法的に問題がある。時間をかけて対応していく必要がある。

　先進国における格差指数と女性管理職割合をグラフで表したのが図表2-9である。

図表 2-9　格差指数と女性管理職割合

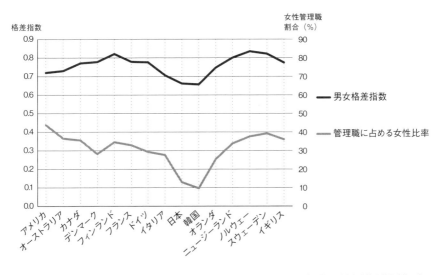

出典：「World Economic Forum Global Report 2018」世界男女格差指数、独立行政法人労働政策研究・研修機構「データブック国際労働比較 2018」pp107-114 より筆者作成

この２つの指数があきらかに同期化しているのがわかる。この図表からも日本と韓国は先進国では最低レベルにある。

　女性は職業人生開始時点においては、正規雇用であっても、結婚、出産を機に退職する者も多い。また、一旦労働市場から退くと、再度の就職をめざしても、正規雇用で戻れることは多くはないという現状がある。このような背景により、女性の短時間労働比率は高く、管理職割合も低くなっているものと考える。さらに、日本の賃金体系は、勤続年数、年齢の上昇との関連性が高いことから、男女間における賃金格差がOECD加盟国の中においてもワースト３位に位置付けられる要因である。

❸-2　ポジティブアクション

　女性のワークライフバランスなどを考慮し、女性の活躍の場を開拓しようとするいわゆる「ポジティブアクション」について、厚生労働省「平成26年度雇用均等基本調査・企業調査（概要）」によると、2014年度において何らかの取り組みを行っている企業は、従業員数5,000人以上の大企業では82.7％が「既に取り組んでいる」と回答し、1,000人～ 4,999人の企業でも73.6％が取り組みを行っている。逆に30人未満の小規模事業所では42.8％にとどまっている。

　ポジティブアクションの取り組みについては資金余裕も必要な一面があるため、小規模な企業では簡単には進まないのであろうが、投資を伴う取り組みだけではなく、ソフトである制度面での改革を行うことでポジティブアクションへの取り組み度合いが向上するのではないかと思われる。

女性に関連する年金・税制面での課題

④-1　年金制度

　日本の公的年金は「二階建て」と言われている。一階部分は国民年金（受給時は老齢基礎年金）、二階部分は企業勤務者または公務員に適用される老齢厚生年金（または共済年金）である。企業によっては退職金を一時払いまたは年金払い（あるいはその混合）とする制度を社員に選択させるシステムがある。後者のように年金払いとした場合を企業年金制度として三階部分と呼ぶことがある。

　老齢基礎年金及び老齢厚生年金の支給開始年齢は生年月日で異なるが、男性では昭和36年４月２日以降生まれの人、女性では昭和41年４月２日以降生まれの人は全員65歳からの支給開始の終身年金である。

　国民年金に関しては日本国に住所を持つ20歳以上の人は全員、国民年金に加入し、国民年金保険料を払わなくてはならない「国民皆年金」制度となっている。

図表 2-10　年金制度

60歳

| 企業年金（企業により支払期限（有期・終身）は異なる） |
| 老齢厚生年金 |
| 国民年金（老齢基礎年金） |

65歳　　　　　　　　　　　　　　　　　　　　　　　終身

出典：筆者作成

❹-2　公的年金の被保険者

　公的年金の加入者は被保険者と呼ばれ、それぞれ第一号被保険者、第二号被保険者及び第三号被保険者に区別されている。第一号被保険者は自由業・学生・フリーターなど、第二号被保険者は会社員・公務員・教職員、第三号被保険者は専業主婦と定義されている。それぞれもらう公的年金は下図2-11のようになる。つまり、第一号被保険者と第三号被保険者は老齢基礎年金 (いわゆる国民年金) のみの、第二号被保険者はさらに老齢厚生年金 (または共済年金) についても受給権がある。

図表 2-11　公的年金制度

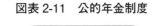

出典：筆者作成

❹-3　第三号被保険者問題

　第三号被保険者とは第二号被保険者の被扶養配偶者で20歳以上60歳未満の人で、かつては「サラリーマンの妻」と呼ばれていた人たちである。この人たちは社会保険料を支払わなくても65歳から一定の条件を満たせば、老齢基礎年金を受給できるという恩典がある。

　第一号被保険者との違いは国民年金保険料の支払いが受給条件ではないという点にあり、この人たちへの社会保険料負担が大きな社会保障費の財源を逼迫させている原因の１つである、とも言われている。

　第三号被保険者は平成29年版厚生労働白書によると、平成27年度末時点で945万人おり、99％が女性である。この第三号被保険者制度は1986年から実施された。それ以前は任意加入であったため、専業主婦でも老齢基礎

年金を満額受給する女性は多くはなかった。国民年金保険料は平成30年現在で月額16,340円であり、945万人分の国民年金保険料は年額1兆8千億円という膨大な数字となる。

　第三号被保険者問題は、①専業主婦が保険料負担なしに基礎年金の給付を受けられることが年金制度加入者間に不公平感をもたらしている、②第三号被保険者の「年収130万円未満」という要件が女性の就労に対して抑制的に働いている、という2つの論点に大別できる。

④-4　学生の国民年金納付免除の特例

　20歳以上の学生については、申請により在学中の保険料の納付が猶予される「学生納付特例制度」が設けられている。

　本人の所得が一定以下（118万円＋扶養親族等の数×38万円＋社会保険料控除等）の学生が対象となる。この特例を受けた学生は国民年金保険料の支払いが当概期間だけ免除されるが、65歳からの年金受給時には老齢基礎年金が減額されることになるので注意が必要である。減額を防ぐには、10年以内に払い込めばいいことになっている。

④-5　被扶養配偶者制度

　年収が130万円未満でその他一定の条件を満たせば、申請により認定されれば扶養家族として取り扱われ、第三号被保険者のように、国民年金保険料の支払いが免除されるほか、健康保険も扶養者が加入する健康保険制度の適用も受けられる。

　第三号被保険者で何らかの仕事をしている者の中には、保険料負担の増加を避けるため年収130万円未満になるよう就業調整を行い、第三号被保険者の立場にとどまることを意図的に選択している者がおり、これが女性の就労に対してマイナス影響を及ぼしていると指摘されてきた。なお60歳以上ではこの130万円が180万円まで拡大される。これは60歳を超えると

年金 (企業年金含む) 収入があるため、扶養家族としての制度適用の年収限度額を180万円にしたものと考えられる。

　また現行所得税法では年収103万円 (月額8.58万円) までは非課税である。これらの制度を利用すれば、パート労働で年収103万円未満に調整すれば所得税は課されず、かつ扶養家族として第三号被保険者のメリットを享受できる。この制度を知る女性の勤労意欲への阻害要因である、とも指摘されている。こうした制度を無視して女性管理職30%を掲げその実効をめざすのは困難が伴うものと思われる。

　また国は年末控除及び確定申告における「配偶者控除を見直しする」という案も検討を進めているが、第三号被保険者や130万円問題などと無関係に配偶者控除を単独で見直しする、ということは無理がある。誰でも既得権をいきなり排除するのは大きな抵抗があるため、総合的に勘案した社会保障制度を打ち立てることが必要である。

❹-6　アンケート調査から見える実態

　2009年12月に某県内企業10社に勤務する男女460名に筆者作成のアンケート用紙を配布し、381名の回答があった (回収率82.8%)。381名の年代と男女構成は以下図表2-12及び図表2-13の通りである。結果として、20代と30代の合計と40代と50代の合計がほぼ同数であり、若年層と中高年層に偏りもなく、年代としては均等化されている。

図表 2-12　年代別内訳　　（人）

20代	75	19.7%
30代	117	30.7%
40代	101	26.5%
50代	85	22.3%
その他	3	0.8%
合　計	381	100.0%

図表 2-13　男女別内訳　　（人）

男性	263	69.0%
女性	116	30.4%
記述なし	2	0.6%
合　計	381	100.0%

出典：筆者作成

今回調査した県は既婚女性の就業率や世帯所得は日本でトップクラスという裕福な県であり、子供の学力や体力もトップクラスで、一般に思われているような地方イメージとは異なる地域である。

（1）年金への関心度と理解度
　全回答の中で、「年金に関心がある」と回答した数は206人で54.1%、「それほどでもない」と回答した数は141人で37.0%、「全く関心がない」と回答した数は30人で全体の7.9%、残り3人は無回答で、まず最初の質問から愕然とする内容となった。
　つまり積極的に関心がある、という数が意外にも約半数しかなく、残りの半数の人が「余り関心がない」、または「全く関心がない」という回答であった。
　「関心がない」と回答した理由としては、「年金に期待していない」が一番多く約30%を占めており、次いで「未だ先の話だから」が23%、「行政事務がいい加減だから」が12%となっている。「金額が少ないから」及び「どうせもらえないと思っている」の両者を合わせると22%となる。
　結果として、年金への期待が全般的に薄いように思われる。

図表 2-14　年金への関心が薄い理由

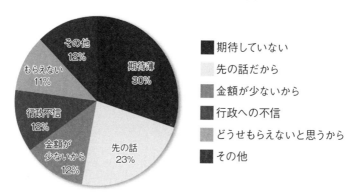

■期待していない
□先の話だから
■金額が少ないから
■行政への不信
■どうせもらえないと思うから
■その他

出典：筆者作成

(2) 年金制度についての理解度

　公的年金制度の具体的な内容に対する質問に対して、まず「公的年金制度が二階建てになっていることを知っているか」という設問に対して「知っている」と答えた数は29%しかなく、71%の人が「知らない、よくわからない」という回答であった。

　この二階建てという意味は一階部分が国民年金部分（老齢基礎年金）であり、二階建て部分が厚生年金（老齢厚生年金または共済年金）と呼ばれているもので、第二号被保険者は厚生年金保険料として一括で毎月の給与から控除されているため、実際には国民年金保険料も合わせて控除されているという実感がないためであろう。

　次に、第三号被保険者制度についての設問であるが、「専業主婦（第三号被保険者）は個人負担なしで国民年金（老齢基礎年金）が支給されるのを知っていますか」という点に対し、「知っている」と答えた数は38%と半数以下であった。

　このうち、男性は男性全体の中で32%だけがこの第三号被保険者問題を知っているにとどまるのに対し、女性は50%が第三号被保険者のことを理解しており、やはり女性の理解度が高いことを示している。

　また第三号被保険者が保険料を負担すべきかどうか、という設問に対しては現状でいい、という意見が35%で、負担すべきという意見はわずか13%にとどまっている。

　「負担すべき」と回答した絶対数は男女共ほぼ同数であり、男性では約40%が、女性では約30%が現状でいい、としている。第三号被保険者問題

図表 2-15　第三号被保険者制度への理解　　　　　　　（人）

第三号被保険者制度を理解しているか	理解している	知らない	その他
	38%	61%	1%
第三号被保険者の保険料負担について	現状（負担なし）でいい	負担すべきである	わからない
	35%	13%	52%

は大変デリケートな部分があり、過半数が「わからない」と回答しているのも無理はないかもしれない。

④-7　諸外国との比較

　国立国会図書館発行の「調査と情報」（No.820,2014年3月）によると、「イギリス・フランス・ドイツ・スウェーデン・アメリカの5カ国では、年金制度における配偶者の取り扱いにつき、無業（収入のない）の場合、基本的に年金制度の適用対象外とされている。

　保険料を負担しない配偶者に対しても年金給付が保障されるという仕組みは、日本のほかに、イギリスやアメリカの制度においても見受けられる。イギリスの場合、満額で月額 286 ポンド（約 4.5 万円）、アメリカでは平均で月額 648ドル（約 6.4 万円）が、配偶者である妻（あるいは夫）自身の年金として支給される」とある。

　日本では老齢基礎年金は満額で約年78万円（月額6.5万円）であるからほぼアメリカ並みで、イギリスよりも優位と言える。

プレゼン力に弱い日本人

　日本人の弱みの1つは人前で話す力であろう。欧米人は会議などでのプレゼンテーション力に優れている。これは子供の頃からプレゼンテーション力を養う授業があり、人前で話すことに慣れているためである。

　よく言われるのが、日本人は発言する前に「まず上下関係を考えて自分が話す順番かどうかを確認する。さらに話す内容を頭で起承転結まで推敲し、文章として完成しているかどうか念入りにチェックする。そこでようやく手をあげるが、もうその議題は終わっていた」。

　結局、発言する間もなく会議は終わると、欧米式では「発言しない人は次回から参加不要」と言われてしまう。これに比べ欧米の人たちは、内容はともかく、まずは手をあげる。話さないと損だ、という意識がある。

　ある国際会議では未だ議題が提起されていないのに発言者を求める。そうするとアジア系を除いた各国の人たちが我先に挙手をして順番を取る。日本人からすれば、未だ議題も決まっていないのに手をあげる、というのはおかしい、と思ってしまうが、これが欧米流儀である。とりあえず発言権を得て、話す内容は後から考えればいいのであろう。

⑤ 女性と老後の生活

⑤-1　生活への満足度

　内閣府統計「国民生活に関する世論調査」(2018年6月、18歳以上の男女対象)によると現在の生活に対する満足度は2018年度では74.7%という高い数字で、これは過去30年間で10ポイントほど上がっている。

　このうち女性は76.3%が現在の生活に満足感を感じている、と回答している。

　ちなみに男性は72.9%であった。

　同調査で「所得・収入」に関する調査では、下記図表2-16のように全世代にわたり「満足」が「不満」を上回っているのがわかる。

図表 2-16　所得・収入に関する女性の満足度

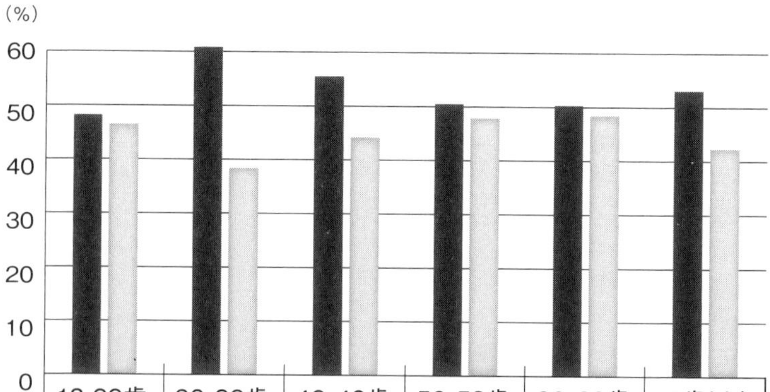

(%)

	18-29歳	30-39歳	40-49歳	50-59歳	60-69歳	70歳以上
満足	48.2	60.8	55.5	50.5	50.3	53.1
不満	46.5	38.4	44.2	47.9	48.4	42.4

出典：内閣府統計「国民生活に関する世論調査」(2018年6月)「所得・収入」

❺-2　老後の心配・不安

　「女性白書2013」によると、働く女性の「くらしの中で心配なことや不安なこと」に関するアンケートでは、①「老後」が65.7% ②「健康」が58.9% ③「保険料」が53.4% ④収入が46.0%となっている。

　そこで筆者が2009年に行ったアンケート調査から「収入と年金額」について考察してみたい。

(1) 一人当たり年金受給金額

　将来満額年金受給時にいくら公的年金を受給できると思っているか、という設問に対し、悲観的な思いが伝わってくるような回答である。月額15万円以下が71%、16万円以上が28%という回答であり、年金への期待感が薄いのがわかる。

　厚生労働省が公表しているモデル年金額は、夫婦の基礎年金額と夫の厚生年金合計で月額約230,000円であり、このうち配偶者の基礎年金を満額受給の場合、月額約65,000円とすれば、配偶者の基礎年金を差し引いた勤労者一人あたり年金受給額は165,000円が全国平均の一人当たり受給見込み金額である。つまり政府の公表値回答額はあまりにも楽観的と思われる。
（厚生労働省HPで公開されている平成16年度改正数字を引用）

(2) 希望受給年金額

　一方で「月額いくらの年金額が妥当と思うか」という設問に対してもっとも多かったのは21〜25万円と43%の人が回答しているが、これは前述の政府のモデル値（夫婦合計での公的年金受給額）の値に近い。また「年金生活時に生活費としていくら（一家合計で）必要か」という設問への回答とほぼ一致しており、最多で36%の人が21〜25万円と回答している。つまり年金生活年代となった場合、ほぼ年金100%＝基礎生活費と考えているためであろう。総務省統計局「家計調査」によると勤労世帯全国平均の月間選択的支出額（生活必需品及び、教養・娯楽など）は181,294円（総務省統計局「家計調査」勤労世帯当たり消費額、（2009年12月）より）であり、今回の回答値はそれを上回るレベルである、と言える。

図表 2-17　期待する年金額と必要家計費 <small>(基礎消費支出)</small>　　　(%)

	15～20万円	21～25万円	26～30万円	31万円以上	その他
期待年金額	28	43	19	9	1
必要家計費	25	36	25	13	1

　前述(1)及び(2)の考察から、もらいたい年金額と毎月の必需品に要する家計支出額は一致しているものの、現実的に国からもらえそうな期待値とが大きく乖離していることがわかる。本来公的年金の基本的原則は「世代間扶養」であり、現役世代が 年金受給世代のもらう年金額を保険料という形で負担する仕組みである。今回の調査 では、現役の勤労世代は保険料負担を容認しながらも、自分たちが受給する時の年金財政に対して大いに不安を持っているものと思われる。

この章の参考文献
「労働力調査（基本集計）」総務省統計局
「男女共同参画白書　平成 30 年版」内閣府
「国民生活に関する世論調査」内閣府統計（2012 年 6 月）「所得・収入」
「男女共同参画社会に関する世論調査」内閣府（2012 年 10 月）
「データブック国際労働力比較 2018」独立行政法人労働政策研究・研修機構
「世界男女格差指数」World Economic Forum Global Gender Gap Index 2018
THE 2015 IMD WORLD COMPETITIVENESS SCOREBOARD
「女性と年金をめぐる諸問題（2014.3.28）」国立国会図書館発行「調査と情報」No.820 号 p.7
「女性白書 2013」p.104
「平成 30 年度雇用均等基本調査」厚生労働省
『「IMD 世界競争力年鑑 2020」からみる日本の競争力』』三菱総合研究所（2020 年 10 月 8 日）

3章

ワークライフ
バランスと
働き方改革

ワークライフバランスとは

　ワークライフバランスとは、「仕事と生活の調和」と言われるが、どちらかいえば男性よりも女性のキャリアデザインに欠かせない言葉として使われている。

　もちろん男性にもワークライフバランスは重要で、これまであまり家庭をかえりみることが少なかった日本の男性にも、最近の女性の社会進出と共に育児や介護といった負担が平等にのしかかっているのも事実であり、今こそ男性のワークライフバランスが必要となっている。

　政府はワークライフバランス推進のため、育児介護休業法や次世代育成支援対策推進法といった法整備を進めているが、その実行施策は企業の人事制度に委ねられている。

　政府が以前推進してきたワークシェアリングは掛け声だけで実際に企業では十分には導入されておらず、実態に合っていないものとなった。ワークシェアリングはオランダのように短時間労働者が多い国の実態としては合っているかもしれないが、短時間労働者が集まった団体組織などが育っていない日本では根づかないのであろう。

❶-1　ワークライフバランス推進の企業調査

　内閣府の調査（平成30年度、調査対象10,000社）によると、ワークライフバランス推進を企業の「経営方針に掲げている」が24.4%、「経営方針に掲げていないが、経営課題として位置付けている」が56.0%、「経営方針や経営課題として位置付けていない」が18.7%であった。従業員規模別では「1001人以上」では「経営課題に掲げている」が43.2%で規模が大きいほどワークライフバランスの取り組みがされていると思われる。

　内閣府の調査（2012）によると「ワークライフバランスという言葉も内

容も知らない」という男女が50.0%、「言葉は聞いたことがあるが内容まで
は知らない」が32.0%で内容を知らない人が実に82％に達することがわか
った。もちろん2008年調査に比較すればその認知度はわずかながら向上し
ている（図表3-1参照）。

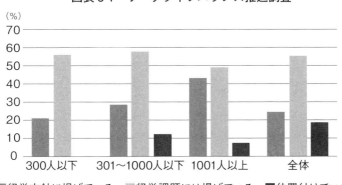

図表 3-1　ワークライフバランス推進調査

出典：内閣府「企業における生活と調和に関する調査報告遺書」平成 31 年 3 月より筆者作成

　前述 3 - 1 項でも論述したように、日本ではポジティブアクションについ
ても大企業では取り組みがされていても小規模事業所ではそれだけの余裕
も少ないのが現実であり、企業にその実行が委ねられている。男女共同参
画問題は掛け声ばかりで、国際的に日本が評価されるのには、経営手腕の
ある次世代の若手企業経営者の輩出を待たざるを得ないのであろうか。
　女性が男性よりも下回ることによって生じる格差だけに焦点を当て、指
標化して男女間の相対的格差をみるGGGI（世界ジェンダー格差指数　Global
Gender GAP Index）で、なんと日本は2018年149カ国中125位とほぼ最下
位にとどまっている。つまり日本の女性は国際的にみて、充実した保健医
療制度や人間らしい生活水準の中で教育を受けてはいるものの、培われた
高い能力を政治・経済的な分野で発揮できていない（World Economic Forum
Global Gender Gap Index 2018）。

働く女性の支援に関わる法整備

　男女雇用機会均等法、男女共同参画基本法、女性活躍推進法など、仕事と生活の両立支援策に関する法整備が進み、企業等における労働者の働き方の見直しが進んできています。少子高齢社会において活力ある社会を実現していくためには、女性の就業継続と能力発揮が図られるとともに、働く現場において公正な処遇及び家庭と仕事の両立が可能な就業環境の整備が極めて重要となっています。

❷-1　男女雇用機会均等法

　1986年に施行された男女雇用機会均等法は、2007年に労働者に対する性別を理由とする差別を禁止するなど、大幅な改正が行われた。2014年には施行規則等が改正され、法で禁止している間接差別の対象範囲が拡大され、2016年3月に妊娠・出産等に関するハラスメント防止措置義務が新設された。さらに、2016年4月には、女性の活躍推進法が施行されるなど、雇用分野における均等な機会と待遇の確保が図られている。

❷-2　男女共同参画社会基本法

　男女平等を推進すべく「男女共同参画社会基本法」が1999年6月に施行された。これは男女が互いに人権を尊重しつつ、能力を十分発揮できる男女共同参画社会の実現を骨子としている。
　基本法では5つの柱を掲げている。
　1．男女共同参画の人権の尊重
　2．社会における制度又は慣行のあり方について
　3．政策等への立案及び決定への共同参画

図表 3-2　男女雇用機会均等法抜粋

（1）性別を理由とする差別の禁止・雇用管理の各ステージにおける性別を理由とする差別の禁止 (第5条・第6条)

　・募集・採用、配置（業務の配分及び権限の付与を含む）・昇進・降格・教育訓練、一定範囲の福利厚生、職種・雇用形態の変更、退職の勧奨・定年・解雇・労働契約の更新について、性別を理由とする差別を禁止。

（2）間接差別の禁止 (第7条)

　・労働者の性別以外の事由を要件とする措置のうち、実質的に性別を理由とする差別となるおそれがあるものとして、厚生労働省令で定める措置について、合理的な理由がない場合、これを講ずることを禁止。

（3）女性労働者に係る措置に関する特例 (第8条)

　・性別による差別的取扱いを原則として禁止する一方、雇用の場で男女労働者間に事実上生じている格差を解消することを目的として行う、女性のみを対象とした取扱いや女性を優遇する取扱いは違法でない旨を規定。

（4）婚姻、妊娠・出産等を理由とする不利益取扱いの禁止等 (第9条)

（5）セクシュアルハラスメント対策 (第11条)

　・職場におけるセクシュアルハラスメント防止のために、雇用管理上必要な措置を事業主に義務付けた。

（6）派遣先に対する男女雇用機会均等法の適用 (労働者派遣法第47条の2)

出典：厚生労働省ＨＰ都道府県労働局雇用機会均等室「男女雇用機会均等法のあらまし」より抜粋

4．家庭生活における活動と他の活動の成立

5．国際的協調

❷-3　女性活躍推進法

　女性活躍推進法が2016年4月1日より施行され、2019年6月一部改正が公布された。改正内容は以下のとおりである。

①対象事業主が301人以上から101人以上に拡大
②女性の活躍に関する情報公表の強化
③特定認定制度（プラチナえるぼし）の創設

3 働き方改革

3-1政府の取り組み

　日本の中長期的、構造的な問題として人口減少がある。この問題に関連して生産年齢人口（15歳以上65歳未満）とそれ以外の従属人口（年少人口と老年人口の合計）の構成比も重要である。つまり、働く人一人が支える子どもや高齢者などの人数が上回る負担が大きさのことであり、負担が大きくなっている状態を人口オーナス化と言う。日本は1995年頃から人口オーナス期に入ったと言われている。

　このような状況の中で2016年6月にニッポン一億総活躍プランを閣議決定し実現すべき社会を以下のように掲げた。

・若者も高齢者も、女性も男性も、障がいや難病のある方々も、一度
　失敗を経験した人も、みんなが包摂され活躍できる社会
・一人ひとりが、個性と多様性を尊重され、家庭で、地域で、職場で、
　それぞれの希望がかない、それぞれの能力を発揮でき、それぞれが
　生きがいを感じることができる社会
・強い経済の実現に向けた取組を通じて得られる成長の果実によって、子
　育て支援や社会保障の基盤を強化し、それが更に経済を強くするとい
　う『成長と分配の好循環』を生み出していく新たな経済社会システム

特筆すべきは国内総生産（物価の変化を考慮しない名目GDP）を約530兆円から660兆円に拡大するといういう約1.25倍とする挑戦的は目標を設定したことである。

　この目標達成のために、これまでの生産年齢人口に含まれていない人たちや、働く機会がなかった人たちが働くことによって経済成長に寄与できる環境と現役の労働者もより大きな価値を生みだすことも目指し、2018年6月に『働き方改革を推進するための関係法律の整備に関する法律（通称働き方改革関連法）』が成立、2019年4月から順次施行された。この働き方改革関連法には次の８つのテーマが織り込まれていた。

①残業時間の上限規制
②有給休暇の取得を義務化
③フレックスタイム制の見直し
④インターバル性の普及促進
⑤高度プロフェッショナル制度の新設
⑥同一労働同一賃金の実施
⑦中小企業での残業６０時間超の割増賃金率引き上げ
⑧産業医の権限強化

❸- 2労働生産性の視点

　日本生産性本部は経済協力開発機構（OECD）加盟国を対象とした労働生産性の国際比較を毎年行いその結果を公表している。2020年12月に発表した2020年版では37カ国を比較している。

　2019年における日本の時間当たり労働生産性は、47.9ドル（4,866円／購買力平価換算）、37か国中21位で、G7の中では1970年以降最下位の状況を続けている。また、日本の一人当たり労働生産性は、81,183ドルで26位にとどまっている。

　特に時間当たりの労働生産性は米国（77.0ドル／7,816円）の約6割で、日本の長時間労働、過重労働の状況が影響していると考えられる。仮に労働時

間短縮ができて見かけ上の生産性が向上するとしても、付加価値である売上高が大きくならなければ利益率の低下など経営上の問題になるだけでなく、政府が目標としている名目GDPの拡大は難しいと思われる。

$$労働生産性 = \frac{付加価値 \nearrow 各目GDP目標達成への貢献}{労働時間 \searrow ワークライフバランス}$$

❸-3 時間配分の見直しによる働き方改革

　2008年のリーマンショック後の景気後退期に企業は、さまざまなコストカットを実施してきた、これらには人員削減による人件費の抑制をしたことによって仕事が残った人たちに集中することで長時間労働や過重労働が更に進展した側面もあろう。この変化に対応するためのICTに対する投資は十分とは言えず、クラウド型のグループウェアや2008年頃に登場したスマートフォンなどの業務での活用は限定的だった。

　野村総合研究所は2015年12月に、10～20年後に「日本の労働人口の49％が人工知能やロボット等で代替可能になる」と発表した。特別な専門性とは関係なく手順や使う道具が体系的に決まっており、一定水準の結果を残すには同じやり方が繰り返せるという特徴があった。従前の人海戦術方式での仕事のやり方がまだ現場に多く残っていたことが明らかだったとも言え、日本は早くこうした旧態依然とした日本型経営から脱却する必要があると思われる。

❸-4 コロナ禍における働き方改革

　働き方改革による企業活動の変革は従業員それぞれの育児や介護などといった「ライフ」面だけでなく、労働生産性向上につながる効率化と創造性

が発揮できる「ワーク」面も重要である。これらに加え2020年度は、新型コロナウイルスによる感染症の拡大が働き方に大きな影響をもたらし、リスク回避のための在宅勤務が大企業を中心に定着している。なお、在宅勤務を「テレワーク」と呼ぶこともあるが、元々テレワークにはオフィスから“離れる”という意味の“テレ”と“働く”という意味の“ワーク”を組み合わせた造語である。これには従業員の自宅だけではなく顧客先により近い拠点オフィス、外出先のコワーキングスペースやカフェでの勤務やリゾート地でのワーケーションも含まれる。

　また、テレワークは外出機会が多い営業職や個人の創造性が要求されるような職種などに限定されてきたが、2020年4月の緊急事態宣言の発出後は、多くの職種も在宅勤務が実践されている。この経験から仕事の多くは出勤しなくてもできるということが経営層も従業員も実感できた。事務所に出勤しなくても良いということは、通勤が不要となり住む場所が自由になることも意味する。実際に、単身赴任先から家族を残していた自宅に戻る人や、高齢の家族が暮らす街に居を移す事例も報道され、オフィスの賃貸契約の一部を解除するなどの動きもある。

図表 3-3　人工知能やロボット等による代替可能性が高い労働人口の割合

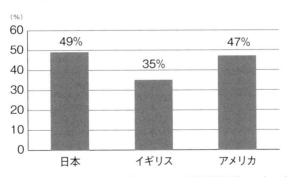

出典：「News Release」野村総合研究所 2015 年 12 月 20 日より筆者作成

企業アンケートより

　2016年３月、野村・竹内が合同で行った広島県内企業約300社に対し行った結果アンケートでは46社から回答があった。

①女性管理職の割合について

5％未満	5％以上 10％未満	10％以上 20％未満	20％以上 30％未満	30％以上 50％未満	50％以上
46％	15％	9％	9％	17％	4％

やはり女性管理職の比率は全体的に低い。

②女性管理職を増やすための取り組みを行っている。

実施中である	検討している	考えていない
46％	30％	24％

　女性管理職を増やす取り組みについて76％の企業で実施済みまたは検討中であるが、24の企業が全く考えていない、という結果は意外である。

③何らかの育児休業制度を導入している。

導入していない	2010年以前に導入	2010年以降に導入	その他
0％	89％	9％	3件

大半の企業が実施済みである。

④３歳までの子を養育する社員に対して短時間勤務制度を導入している。

導入していない	2010年以前に導入	2010年以降に導入	その他
13％	70％	13％	4％

大半の企業が実施済みである。

⑤託児施設の設置運営をしている

導入していない	2010年以前に導入	2010年以降に導入	その他
96%	2%	2%	

　実施しているのはわずか4%である。これはスペースや資金問題を伴う
ため、簡単には実施できないものと思われる。

⑥男性従業員のための配偶者出産時の特別休暇制度を実施している

導入していない	2010年以前に導入	2010年以降に導入	その他
37%	41%	13%	9%

⑦育児や介護が理由で退職した者のための再雇用制度を導入している

導入していない	2010年以前に導入	2010年以降に導入	その他
67%	24%	7%	2%

　取り組みをしている企業はわずか31%で、再雇用への取り組みは二の次
となっている。

　以上のアンケートを見ても現状では女性管理職の比率が低いが、何らか
の形で検討はされているように思われる。しかしながら待機児童の問題や
託児所などインフラが整備されない限り、女性管理職比率が欧米並みにな
っていくのはまだ先のことであろう。

 5 # 女子学生の意識調査より

　野村が広島県内女子大学生に2014年～2015年の2年間延べ430名の学
生に行った意識調査で比較してみたい。

問1. 最近政府が女性管理職を増加させると公言しているがあなたの意見は

 ①全面的に賛成   ②いいとは思う

 ③いいとは思うが実現が困難 ④考え方に反対

問2. あなたは就職した場合、管理職をめざしますか。

 ①めざす   ②できればめざしたい

 ③そこまでしなくてもいい ④めざさない

問1. 政府案に賛成か

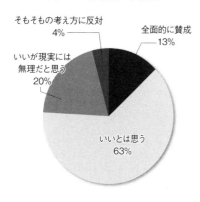

そもそもの考え方に反対 4%
全面的に賛成 13%
いいが現実には無理だと思う 20%
いいとは思う 63%

問2. 管理職をめざすか

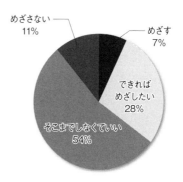

めざさない 11%
めざす 7%
できればめざしたい 28%
そこまでしなくていい 54%

問3. 家庭と仕事どちらが大切か

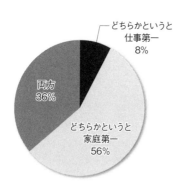

どちらかというと仕事第一 8%
両方 36%
どちらかというと家庭第一 56%

問4. 定年まで勤めるか

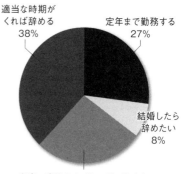

適当な時期がくれば辞める 38%
定年まで勤務する 27%
結婚したら辞めたい 8%
出産・育児のタイミングで辞めたい 27%

問3.あなたは仕事と家庭のどちらに重点を置きますか
   ①どちらかというと仕事が第一   ②どちらかというと家庭が第一
   ③両方

問4.あなたは定年まで勤めますか
   ①定年まで勤める   ②結婚のタイミングで辞める
   ③出産・育児のタイミングで辞める ④適当な時期で辞める

男女の働き方に対する意識

❻-1　夫と妻の役割認識

　内閣府男女共同参画局による「男女共同参画に関する国際比較調査（平成14年度）集計表」の質問項目である①結婚は個人の自由、してもしなくてもよい　②夫は外で働き、妻は家庭を守るべきである　③女性は結婚したら家族を中心に生活したほうがよい　④結婚しても必ずしも子供を持つ必要はない　⑤相手に満足できないときは離婚すればよい　⑥一般に今の社会では離婚すると女性の方が不利である、という設問に対する日本及び6ヵ国の調査結果の全般的傾向として、伝統的・保守的な結婚観をもつ傾向がもっとも強いのはフィリピンだが、日本にも根強い男女の役割認識が残ってきたと言える。特に上記②（図表3-4）及び③に賛同する日本人が多いことは女性の社会進出の阻害要因となってきたと思われる。

❻-2　自分らしさと職業観

　先述の内閣府が行った調査において、「夫は外で働き、妻は家庭を守る」

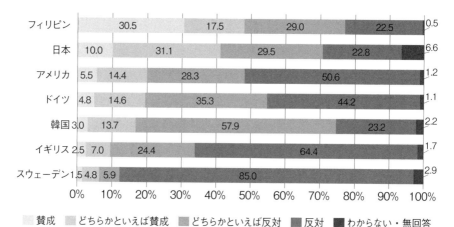

図表 3-4 「夫は外で働き、妻は家庭を守る」という考え方について

	賛成	どちらかといえば賛成	どちらかといえば反対	反対	わからない・無回答
フィリピン	30.5	17.5	29.0	22.5	0.5
日本	10.0	31.1	29.5	22.8	6.6
アメリカ	5.5	14.4	28.3	50.6	1.2
ドイツ	4.8	14.6	35.3	44.2	1.1
韓国	3.0	13.7	57.9	23.2	2.2
イギリス	2.5	7.0	24.4	64.4	1.7
スウェーデン	1.5	4.8	5.9	85.0	2.9

出典：内閣府男女共同参画局「男女共同参画に関する国際比較調査（平成14年度調査）集計表」より筆者作成

という考え方についての変化が報告されているが、これは、日本の伝統的な性別役割分担という文化が薄れてきているものと考える。この背景には、キャリア教育、インターンシップを通じて働くということに対して、価値を見いだしている女性が増加しているからではないだろうか。

　男性はこうあるべき、女性はこうあるべき、男性らしく、女性らしくという固定概念ではなく、個々人が「自分らしさ」を見いだすことが重要である。

　例えば、看護婦（女性）、看護師（男性）と区別されていた呼び名が看護師となったように、男女での区別は必要ではない。職業を選択する場合において必要なことは、個々人が能力を発揮できる「場」の選択を行うことである。つまり、個々人が自分らしくいきいきとできる職業を求めることが重要であり、それがキャリア戦略であるものと考える。

Column

インキュベーションとイノベーション

　インキュベーション（Incubation）は、孵化（ふか）で卵から雛（ひな）がかえることが語源であるが、そこから新たなモノを創造する、という意味で使われている。現在ICTの進化により日常の情報収集やコミュニケーションに革命が起きている。この変革をもたらしたのが、アップルの創業者・故スティーブ・ジョブズ氏であり、マイクロソフトのウイリアム（通称：ビル）・ゲイツ氏である。二人とも大学は出ず、ＰＣの開発に尽力された大変功績の高い人たちである。

　スティーブ・ジョブズ氏は早逝されたが日本通で有名であり、2005年６月12日スタンフォード大学での卒業式講演で語った「Stay hungry, Stay foolish」という言葉はあまりにも有名だ。現在ではStay homeかもしれない。シアトルのワシントン大学を訪問した際にビル・ゲイツ氏がプログラム開発のため、両親が教授であった大学の教室を使ったと聞いた。スマートフォンやウインドウズは真にインキュベーションという名にふさわしい現代に革新（innovation）をもたらした技術であると思われる。

　また二人に共通して言えるのは、寝食を忘れて研究に打ち込んだという事実である。スティーブ・ジョブズ氏は共同創業者の友人と、両親の居間を仕事場にしてパソコン「Apple」を開発した。ビル・ゲイツ氏はガレージを改造した仕事場に寝泊まりしてOS「Windows」を開発した。二人は天才だったかもしれないが、それにもまして積み重ねた努力は、彼らを裏切らなかったのである。

この章の参考文献

「仕事と生活の調和（ワークライフバランス）に関する意識調査について」内閣府（2018年、2012年調査）

「女子学生のためのキャリア・デザイン」宇田美江著　中央経済社（2014年）

「男女共同参画に関する国際比較調査（平成14年度）」内閣府共同参画局

「小論 ワークライフバランスと働き方改革」野間操（2020年）

「News Release」野村総合研究所（2015年12月20日号）

「労働生産性の国際比較2020」公益財団法人日本生産性本部

4章

これからの
女性の生き方

④-1 　晩婚化・晩産化

「平成30年版少子化対策白書」によると平均初婚年齢は、2016 (平成28)年で、夫が31.1歳 (前年と同じ)、妻が29.4歳 (同) と近年は足踏み状態だが、1980 (昭和55) 年には、夫が27.8歳、妻が25.2歳だったので、30年余りの間に、夫は3.3歳、妻は4.2歳、平均初婚年齢が上昇している。

　また、出生したときの母親の平均年齢をみると、2016年においては、第1子が30.7歳、第2子が32.6歳、第3子が33.6歳であり、ゆるやかな上昇傾向が続いている。

図表 4-1　平均初婚年齢と母親の平均出生時年齢の年次推移

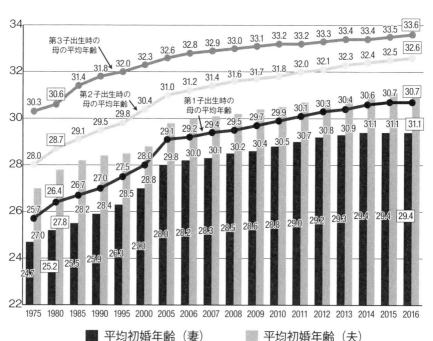

出典：平成 30 年版少子化社会対策白書　https://www.8.cao.go.jp/shoushi/shoushika/
whitepaper/measures/w-2018/30pdfhonpen/pdf/s1-3.pdf　2018/12/25

④-2　女性の離職理由

　女性が妊娠・出産前後に退職した理由として最も多いのが「家事・育児に専念するため自発的に辞めた」が39.0％、「夫の転勤など」が4.7％、「解雇・退職勧告された」が9.0％、「続けたかったが、仕事と育児の両立が難しかった」が26.1％と非自発的に辞めざるを得なかった理由が40％近くとなっている。(「女性白書2014」p.62) このように多くの女性は家事・育児と仕事の両立に悩みを抱え、結果として女性が仕事の第一線から退き、育児がひと段落した段階で多くの女性が非正規雇用労働者を選択しているのが現状である。

　多くの日本女性は学校 (高校・短大・専門学校・大学を含む) 卒業後に、まず正社員として就職するが、結婚・出産・育児を機会に離職をし、育児がひと段落した時点で再度就業する場合に非正規雇用者を選択することが多い。

　非正規雇用労働者となった理由としては前掲総務省「労働力調査」によると以下のようである。(2016年4～6月)

①自分の都合のよい時間に働きたい.....................................26.0％
②家計の補助・学費等を得たい ....24.3％
③家事・育児・介護等と両立しやすい..............................16.0％
④正規労働の仕事がない ....11.3％

④-3　さまざまな職業と選択

　男女共同参画社会データ集 (2015) によると、女性労働者の職業分類として一番多いのが事務職、サービス業、専門的・技術職、販売職である。男性より女性の比率が高いのが事務職とサービス業だけであとは全て男性の比率が高くなっている。

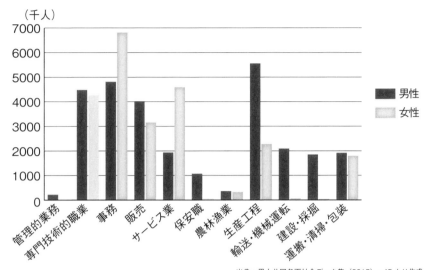

図表 4-2　男女職業別雇用者（2012 年）

（千人）

凡例：■ 男性　□ 女性

横軸（左から）：管理的業務、専門技術的職業、事務、販売、サービス業、保安職、農林漁業、生産工程、輸送・機械運転、建設・採掘、運搬・清掃・包装

出典：男女共同参画社会データ集（2015）p.45 より作成

④-4　ダグラス・有沢の法則

　1930年代にアメリカの経済学者、ポール・ダグラスが発見し、日本の経済学者、有沢広巳が日本経済において実証した法則で、世帯主の収入と配偶者の就業率の間には負の相関関係があることを明らかにした。具体的には、夫の収入が高いと、妻が働く率は低くなる、と言われている。

　このような環境により就業していない女性が少なからず存在しているのであれば、この集団の就業率を高める働きかけが女性全体の就業率を引き上げることになるであろう。

④-5　7・5・3の法則

　一般に中卒者の7割は3年で退職、高卒者の5割は3年で退職、大卒者の3割は3年で退職する、と言われている。毎年統計を調査してみてもほぼこの数字があてはまる。

厚生労働省の「新規大卒就業者の離職状況に関する資料一覧」によると、平成28年度では、大卒就業者は3年で32.0%（平成24年度は32.3%）が離職している。

新卒者の離職理由

厚生労働省の「平成25年若年者雇用実態調査の概要」（個人調査）によれば、新卒者の離職理由として ①「労働時間・休日・休暇の条件がよくなかった」がトップで22.2%となっており、②「人間関係がよくなかった」19.6%、③「仕事が自分に合わない」18.8%、④「賃金の条件がよくなかった」18.0%が続いている。このうち女性だけでみると、①「人間関係がよくなかった」が 22.8%、②「労働時間・休日・休暇の条件がよくなかった」が 21.8%、③「仕事が 自分に合わない」が 16.1%の順となっている。

離職理由のトップにあげられる「労働条件」に関しては企業説明会や内定懇談会などで十分に情報を入手する機会はあったはずで、入社後に初めて知った、というのは事前に企業研究が十分行われていない証拠である。まず企業を受験すると決めたら、十分に事前調査・研究をする必要がある。

❹-6　女性の働き方と年金

女性の働き方と先述した年金とを比較してみたい。

図表 4-3-1　女性の就業と年金

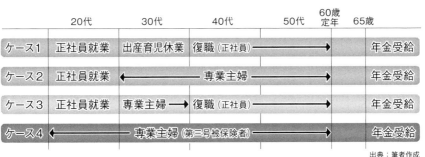

出典：筆者作成

ケース１では出産・育児休業は法定限度内で正社員として継続就業するため、老齢厚生年金も老齢基礎年金も60歳定年まで加算される。

　ケース２では30代以降は専業主婦として、いわゆる第三号被保険者の立場であるため、老齢基礎年金は保障されるが、老齢厚生年金は20代の正社員勤務分しか65歳以降に受給できない。ケース３はケース１に近いが30代だけは第三号被保険者期間となり、老齢厚生年金がその期間分欠落となり、減額支給となる。ケース４は大学卒業後すぐ結婚（または親の扶養家族）して専業主婦（第三号被保険者）となる場合で、老齢厚生年金は受給の対象とはならない。上記ケース１～４は、いずれの場合も老齢基礎年金だけは保証されている。なお、老齢基礎年金は満額支給の場合、65歳から年額約78万円（平成30年度時点）が支給される。

図表4-3-2　ケース別年金受給の有無（○は年金受給期間の対象、×は受給期間の対象外）

ケース	公的年金	20代	30代	40代	50代
1	老齢厚生年金	○	○	○	○
	老齢基礎年金	○	○	○	○
2	老齢厚生年金	○	×	×	×
	老齢基礎年金	○	○	○	○
3	老齢厚生年金	○	×	○	○
	老齢基礎年金	○	○	○	○
4	老齢厚生年金	×	×	×	×
	老齢基礎年金	○	○	○	○

出典：筆者作成

④-7　男女間賃金格差

　1996年６月に男女共同参画社会基本法が制定され、男女間に格差なく、能力が発揮できるような法整備が進んでいる。従来の日本は日本型経営の３種の神器としての年功序列型賃金体系や終身雇用制度といった従来型の

古い人事慣行により、学歴や男女により賃金体系や昇格・昇進に歴然とした格差が設けられていた。高卒の社員は大卒社員には、よほどの努力をしないと賃金や役職で追い抜くことは至難の業であった。

残念ながらこうした古い慣習が完全には払拭された、とは言い難い。女性は、いったん職を離れると、正規雇用として継続することが難しいという就業環境がある。男性との賃金格差は依然としてある。

厚生労働省の「平成29年賃金構造基本統計調査」によれば、男性一般労働者の給与水準を100とすれば、女性一般労働者のそれは73.4（平成29年）である。その格差は減少傾向にあるものの、女性非正規労働者の給与は男性一般労働者の半分強の状況である。女性の二人に一人が非正規雇用であることを考えれば問題の大きさがわかる。

国際的にも日本の男女間の賃金格差について問題視されている。OECDによる男女間賃金格差の国際比較を見ると、日本の賃金格差は世界に比べて大きくなっている。男女平等制度に厳しいアメリカと比較すると、日本は大きく遅れをとっていることがわかる。さらに、勤続年数についても男女間で大きく異なっている。

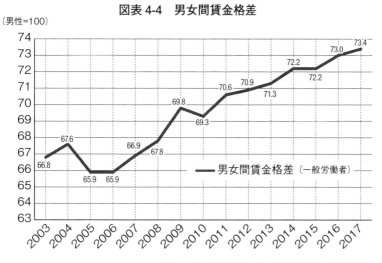

図表 4-4　男女間賃金格差

（男性=100）

出典：厚生労働省「平成29年賃金構造基本調査　結果の概況」より作成

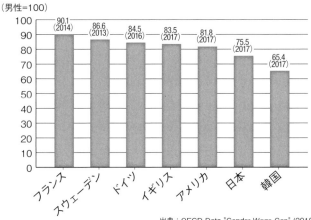

図表 4-5　男女間平均賃金格差の比率

出典：OECD Data "Gender Wage Gap" (2018) をもとに作成。
https://data.oecd.org/earnwage/gender-wage-gap.htm

図表 4-6　勤続年数の格差

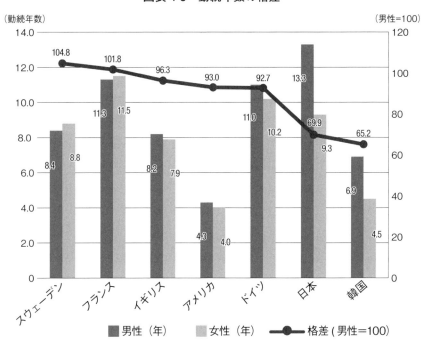

出典：独立行政法人労働政策研究・研修機構「データブック国際労働比較 2018」より作成

④-8　格差の是正に向けて

男女間の賃金格差問題に関しては、厚生労働省の「男女賃金格差是正に向けてのガイドライン（平成26年）」によれば、2つの面から考察される。

(1) 制度設計の面

性別役割分担意識を持って運用されることが実質的に容認される制度になっていることによる。

家事・育児と仕事との両立が困難な（人事など）制度となっている。

(2) 賃金・雇用管理の運用の面

採用、配置や仕事配分、育成方法の決定、人事評価や業績評価などの側面で、男女労働者間に偏りがある。

では格差是正に向け、どういう取り組みが必要か。

是正には、古典的な日本型経営方式を根本から改める必要がある、と思われる。現在日本の企業では欧米式成果反映型人事評価制度が取り入れられ、和洋折衷の人事制度に変遷しつつある、と言われている。しかしながら、女性が育児・介護休業で休業後復職するときの雇用と待遇面で大幅な後退が見られる。休業前と休業後では報酬面や業績評価面では継続性がなくなるケースや一旦退職を余儀なくされるケースもある。

欧米では完全に能力・実績主義であるため、休業後も同じ成果を発揮できれば何ら不利な取り扱いはされない。日本では人事制度が改善された、とは言っても依然年功序列の色合いが濃く残されている。

男共雇用機会均等法の制定により、差別的な雇用管理や人事評価は禁止されているため、企業努力としてのポジティブアクションを企業理念として実践し、行政側もその実施状況を監査する必要がある。

④-9　社会保険加入の拡大

政府は2016年10月1日より、大企業（従業員501名以上）に勤務する短時間

労働者の社会保険加入義務を拡大した（2017年4月1日からは500人以下で労使合意がなされた企業も含む）。

　具体的にはこれまで年収130万円未満であれば社会保険（年金や健康保険など）に加入する義務はなかったが、上記定義に当てはまる企業で、週20時間以上働き、106万円以上の年収があれば、社会保険への加入を義務化した。これにより、短時間労働者の働き方に変化が出てくることは間違いない。ではどのような変化が出てくるのであろうか。

　一つは年収を106万円未満とするように、労働時間をさらに短縮せざるを得ない方向になる。これは制度変更前と同じように、第三号被保険者の地位を保つ、という理由も大きい。こうなると、雇用する側の企業にとっては労働者の確保が困難となるため、より多くのパート・アルバイト労働者を雇用しなくてはならなくなる。また働く側からすれば年収が減少するため家庭経済への影響も大きい。

　二つ目は制度変更にともない、第三号被保険者から外れ、社会保険に積極的に加入することで将来の年金などを増やそうとするケースである。社会保険に加入すると、保険料の半額は企業側の負担となるため、将来の年金などを考慮すると、社会保険加入を望む人も多いであろう。政府の思惑は社会保険収入を増やすことにあり、将来的には適用企業の従業員枠を501名から下げ、社会保険加入者を増加させることも検討課題のようである。

　これまで「130万円の壁」と言われてきた被扶養配偶者であり、第三号被保険者適用であった壁を大きく変化させることとなったが、果たして社会保険加入者が政府の思惑通りに増えるのであろうか。

この章の参考文献
「平成30年版少子化対策白書」内閣府
「男女共同参画社会データ集（2015）」
「平成29年賃金構造基本統計調査　結果の概況」厚生労働省
OECD Data "Gender Wage Gap" (2018)
独立行政法人労働政策研究・研修機構「データブック国際労働比較2018」

5章

就職活動と
自己理解

自分らしい会社選び・仕事選び

　皆さんは『自分らしさ』を問われ、すぐにそれを説明できるだろうか。自分らしさとは何のことか、そこから悩んでしまうかもしれない。

　ここで考えてほしい自分らしさとは、自分の特徴のことだ。難しく言えば、自らが何者であるか、自分が自分であるその核心とは何か、と言ったことへの自分なりの認識となろうが、自分の好きなところ、自分が好きなこと、自分がいつも取る考え方や行動などと思えばよい。自分らしさは、自分であるための理由と言え、すぐには変わらない一貫した部分だ。

　会社選び・仕事選びとは、単に就職先を決定することではなく、自分らしさを生かしていきいきと成長・活躍できる、そんな仕事環境や生活基盤を見つけだす活動である。自分らしく生きていくための選択だ。そのためには、まず自己（自分らしさ）を理解すること、次に自己（自分らしさ）を生かすことのできる環境（業界・職種・会社）を見つけることが大切である。

❶-1　自己を理解する

　自己（自分らしさ）を理解するとは、生きるうえで、あるいは働くうえで大切にしていること、例えば自らの価値観や大切にしている考え方、得意なことや苦手なこと、好きなことや嫌いなことなどを自分自身が認識することである。

　このステップでよく相談されるのは、「私には自慢できることがありません」といった悩みだ。そうした人は、「これまで部長や委員長などリーダーを経験したことがありません」「クラブ活動はしていますが、強くありません」など、周りの人と比べ相対的に優れているかどうかを気にしているケースが多い。

　しかし自分に問いかけてほしいのは、自らの特徴、デコボコの形である。

自分は何をしているときに熱中できるか、迷ったときはどういう考えを取るかなど、自分自身の傾向だ。自己を理解できている人とは、この傾向を自らの強み・よい面として説明できる人と言える。これには、過去に自分自身がとってきた行動や自分自身の気持ちと向き合い、じっくり自己と対話してみることが必要となる。

　対話の方法は、「2．自己分析の進め方」で詳しく触れるが、ぜひ次の2つの事柄と向き合ってほしい。

①未来の自分を想像し、自分の夢を言葉にしてみる
　将来自分はどのようになっていきたいか、どのような出会いを得て、どのような気持ちで歩んでいきたいか。自分の人生や夢やビジョンを描いてみることで、自らが、生きる・働くうえで大切にしたいと思っていることが、少しずつ見えてくる。
②女性として、自分の働き方を考えてみる
　結婚、出産、育児といったライフイベントにどのように向き合い、どのようなワークライフバランスを望むのか。女性として、自分の働き方を考えることは、生きる・働くうえで大切にしたいことを考える要素になる。例えば、仕事を一生続けたい、経済的に自立したい、育児を終えたら専門性を生かして職場復帰したい、仕事と家庭を両立したい、など。あなたはどう働きたいか、自分の気持ちと向き合ってみよう。

❶-2　自己を生かすことのできる環境を見つける

　自己をある程度理解できたら、次のステップは自己を生かすことのできる業界・職種・会社を見つけることだ。
　どの業界・職種、どの企業であれば、自己を生かすことのできる環境を有していると言えるか、自らがより成長し活躍するフィールドを探し出す必要がある。
　むろん、世の中の業種・企業のすべてを確認・理解することなどできな

い。従って、ここでの課題は、知りえた範囲から、より自分と相性のよい会社を選んでほしいということだ。どの可能性にかければ、より自分らしく成長や活躍ができるかの検討である。

　なかでも、「その仕事や会社は自分の価値観や考え方に合致するか」、あるいは「自分らしくいられる環境かどうか」を考えることは、会社を選ぶ上で大切な視点である。「ここで働きたい！」と組織の価値観や働く環境に「共感」できるかどうかが重要である。(具体的な進め方は第6章に示す。)

　自己分析の進め方

　自分自身を知るには、自己分析をじっくりと行うのがよい。数多く手法はあるが、代表的なもの8つを紹介する。
　①シャインの3つの問い
　②キャリアプランシート
　③自己分析チェックポイント
　④あなたのリーダーシップ
　⑤キャリアアンカー
　⑥ライフラインチャート
　⑦未来ビジョン
　⑧ジョハリの窓

②-1　シャインの3つの問い

　キャリア論の第一人者であるエドガー・H・シャインは、自ら次の3つの問いに向き合い、「自己イメージ」を確認することが、自らのキャリアの方向性を考えるうえで有用だとしている。

図表 5-1　シャインの３つの問い

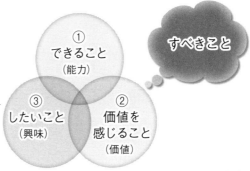

①自分は何ができるか

②自分は何をしたいか

③自分は何に価値を感じるか

出典：筆者作成

✢ できること
　自分の能力（得意なこと）、スキル（技能や資格）、これまでの経験などから、自分には何ができるかを、些細なことも書き出してみる。

✢ したいこと
　自分が今やりたい、と思っていることを具体的に記述してみる。

✢ 価値を感じること
　どのようなことをやっている自分なら意味を感じ、社会に役立っていると実感できるかを具体的に記述してみる。

　シャインの３つの問いにおいて特に重要となるのが、「価値を感じる」と自分自身が思っていることだ。「したいこと（興味・関心）」は状況によって変化するし、「できること」も学生時代にも社会に出てからも増えていくものだ。しかし、自分がどうありたいか、どう貢献していきたいかは変化こそするが、短期間に流動するものではない。自分らしく生きていく原点と言える。

　さらに自己を理解するため、シャインの３つの問いを切り口に、自己分析を進めていこう。３つの問いと他の６つの自己分析は、図表5-2のとおり関連する。

図表 5-2　シャインの問いとそれぞれの自己分析との関係

シャインの 3つの問い	過去	現在	将来
できること (能力・スキル・経験)	自己分析チェックポイント あなたのリーダーシップ		☆
したいこと (夢・興味・関心)	ライフラインチャート	自己分析チェック ポイント	キャリアプランシート 未来ビジョン
価値を感じること (価値観)	キャリアアンカー		

☆＝したいこと、価値を感じることを実現するためにこれから身につけること

出典：筆者作成

幸せな人生とは

　幸せな人生とは、という問いには、人それぞれの答えがある。
筆者は、勤務する大学のキャリアセンターを通じ学生の就職支援に携わるが、幸せな人生とは、と問われると、「自分らしく目の前のことを懸命に取り組んでいる人」のことが目に浮かぶ。

　人は自分の得意を活かしチャレンジしている時に「フロー体験」（時間が滞りなく流れていくような体験）をすることがある。自分のすべてを出し切っている充実感で充たされ、時間がゆっくりと、しかしとても速く過ぎる感覚だ。

　長い時間軸の話になるが、自己実現の説明のほうがフィットすると思う人もあるかもしれない。アブラハム・マズローは人間の欲求の最高の次元として『自己実現の欲求』を提唱した。人間の欲求は5段階のピラミッドのように構成され、低階層の欲求が充たされると、より高次の階層の欲求を求めるが、最終段階では自分自身の生き方を問いかけ、最高の人生であることを求める存在であろうと努力する。自分らしい人生に向けてまい進していく人であるほど、幸せと言えるかもしれない。

マズローの欲求5段階の推移

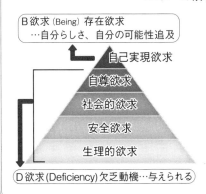

欲求段階	具体的内容
自己実現欲求	自己実現したいという欲求
自尊欲求	自尊心、自律性、達成感などの内的欲求、および地位、表彰、注目などの外的欲求
社会的欲求 （所属と愛情の欲求）	愛情、帰属意識、受容、友情などを求める欲求
安全欲求	物理的および精神的な障害からの保護と安全を求める欲求
生理的欲求	食欲、睡眠欲、性欲などの生物的欲求

出典：筆者作成

②-2 キャリアプランシート

　あなた自身は、今時点で、どのような人生・仕事を選んでいきたいと思っていますか。キャリアプランシートで具体的な仕事・生活基盤・仕事と家庭のバランスを考えてみよう。

図表 5-3　キャリアプランシート

◎どちらの項目が自分により近いですか?チェックマークつけてみよう。

1「働く」といった時にまずこだわるものを選び、その内容を書いてみましょう。

□業界（　　　　　　　　　　　）□職種（　　　　　　　　　　　　　）
□とくにこだわらない

2 自分がやりたいと思う方の仕事を選びましょう。

□デスクワーク	□外回りや接客の多い仕事
□定型的な仕事	□非定型的な仕事
□チームプレー	□個人ワーク
□人前に出る	□人前に出ない
□指示を行う	□指示を受ける
□朝の早い仕事	□夜の遅い仕事
□定時に終了する仕事	□日々の忙しさに差がある

◎自分の考えに当てはまるものを一つ選んでみよう。

3 あなたはいつまで働きたいですか?

□定年まで※　　□結婚まで　　□子供ができるまで
□親の介護問題が出るまで　　□結婚相手と相談して決めたい
□その他（　　　　　　　　　　　　　　　　　　　　　　　）

※「定年まで」を選んだ人は、働き方をどのように考えていますか？

　　□なるべく1つの会社で働きたい

　　□キャリアアップのため、チャンスをつかんで転職したい

　　□いずれは独立したい　　□いずれは家業を継ぐ

　　□その他（　　　　　　　　　　　　　　　　　　　　　　）

　　その理由：

4 勤める会社で（最終的に）望むコースは何ですか？

　　□管理職として働く

　　□専門能力を身につけ、その道のスペシャリストとして働く

　　□補助職として周囲をサポートしたい　　□とくにこだわらない

　　□その他（　　　　　　）

　　その理由：

5 生活の基盤はどこに置きたいですか？

　　□現在の居住地　　□Uターン先（　　　　　）　□Iターン先（　　　　）

　　□どこでもよい（転勤になってもOK）　□その他（　　　　　　）

　　その理由：

6 仕事と家庭のバランスはどのようにしたいですか？

　　□家庭優先　　□仕事優先　　□家庭と仕事を両立させたい

　　その他優先させたいことがある（趣味・ボランティアなど）

　　□よくわからない

　　その理由：

7 仕事以外に興味のあるものは何ですか？

　　①今も行っていてこれからも続けたいこと

　　　（　　　　　　　　　　　　　　　　　　　　　　　　　　）

　　②これから新しく始めたいこと

　　　（　　　　　　　　　　　　　　　　　　　　　　　　　　）

出典：筆者作成

❷-3 自己分析チェックポイント

　次に、過去（小学生以降）と現在（ここ1〜2年）の自分について、見つめなおしてみよう。これまでの人生で実は多くのことを経験し、身につけている。自らを棚卸しするつもりで、箇条書きしてみよう。

図表 5-4　自己分析チェックポイント

◎過去の自分を振り返る

得意科目
不得意科目
所属クラブ
学外活動
取得資格
趣味
将来の夢
友達

嬉しかったこと
頑張ったこと
悲しかったこと
辛かったこと
悔しかったこと
印象に残っていること
その他

◎現在の自分を考える

得意科目・不得意科目
所属クラブ・サークル
学外活動・ボランティア活動
取得資格・免許（見込含む）

趣味・特技
友人・先輩・後輩
アルバイト
性格
セールスポイント
長所・短所
家族や友人からの評価
ストレスの解消法
集団の中での役回り
自信があること
得意なこと
苦手なこと

興味のあること	
嬉しかったこと	
感動したこと	
頑張ったこと	
打ち込んだこと	
挫折したこと	
悔しかったこと	
悲しかったこと	
辛かったこと	
印象に残っていること	
その他	

出典：安田女子大学・安田女子短期大学就職ハンドブック 2017

❷-4　あなたのリーダーシップ

　リーダーの行動というとどのようなことが思い浮かぶだろう。判断する、指示する、メンバーをまとめる、こんなことが思い浮かぶ人が多いはずだ。筆者の授業で「リーダーシップがあると思うか？」と聞くと、下を向く学生が多く、みなさんもそうかもしれない。

　米国オハイオ州立大学の研究チームは、効果的なリーダー行動についての考えを質問肢調査し、リーダー行動が大きく2つに分類できることを提示した。「構造づくり」と「配慮」と呼ばれ、それぞれに該当する行動例は図5-5に示す通りであるが、構造づくりは課題遂行志向の行動、配慮は人間関係志向の行動である。ポイントとなるのは、リーダーは2つの行動が求められるということである。

　みなさんは本当にリーダー行動が取れていないのだろうか？（リーダーという役職者の行動に限定せず、何名かのグループのなかでリーダー的な行動を取れているかという問い。）自らが、図表5-5に示す行動例を取る程度を5段階で評価してみよう。

　評価結果を確認したら、自分の特徴を振り返り、気づいたことを図表5-6に書いてみよう。

図表 5-5　課題遂行志向の行動と人間関係志向の行動

例に示す行動を取ることが多いかを5段階評価する　（　）のなかに評価点を記入

課題遂行志向の行動 (構造づくり)
メンバーに対して、自分たちに何が期待されているかを伝えられる　（　）
メンバーに決まった手順を踏ませることができる　（　）
何をどのようにすべきかを決定する　（　）
メンバーに具体的な課題や役割を割り当てる　（　）
チームでなすべき課題の日程や計画をたてる　（　）
メンバーに決められたルールを守ってもらうようにする　（　）

人間関係志向の行動 (配慮)
メンバーが気軽に接することができるよう工夫をする　（　）
メンバーを自分と対等として扱う　（　）
メンバー間の交流を増やす工夫をする　（　）
メンバーそれぞれが幸せであるよう努力する　（　）
メンバーに相談なしで行動することはほとんどない　（　）
メンバーがこのチームの一員でよかったと思えるような細かな心配りをする　（　）

図表 5-6

自分の特徴を振り返り、気づいたことを書いてみよう。

また、グループ全体やメンバー個々に対して、どのような行動を通じて貢献で
きそうかを考えてみよう。

❷-5　キャリアアンカー

　キャリアアンカーとは、こんな風に生きたい、働きたいという、生きる・働くうえでの自分自身の価値観である。「これだけは譲れない。手放せない」という軸となるもので、誰しもしっかりとした錨（アンカー）をおろすような揺るがないキャリアの自己イメージを持つことから名づけられた。

　これは、シャインの３つの問いのうち、「価値を感じること」に関係する。自分自身のキャリアアンカーを意識することは、自分らしく生きていく・働いていくうえで重要である。

　シャインはキャリアアンカーを８つのタイプに分けて説明している。

　８つのタイプに関する説明（図表5-5）を読み、自分に該当する／該当しないキャリアアンカーが見つかったら、どうあてはまるかを記入してみよう。

①あてはまるタイプ

キャリアアンカー	具体的に自分にあてはまると感じた点

②あてはまらないタイプ

キャリアアンカー	自分とは異なると感じた点

図表 5-7 キャリアアンカー

①専門・職能別コンピタンス志向 （Technical/Functional Competence, TF）

特定の仕事に対する才能と高い意欲を持つ。そのため、「これ」と思っている分野でその専門性が評価される仕事をしたいと望んでいる。自分の専門性を伸ばしていくことに強い興味があり、それが働く意欲となる。「このことは○○さんに聞いて」と認められるようになることが目標となる。

②マネジメント志向 （General Managerial Competence, GM）

経営管理そのものに関心を持ち、責任ある地位につきたいと望んでいる。そのため、組織全体の方針を決定し、自分の努力によって組織の成果を左右していけることが働く意欲となる。そのためには専門性に特化するのはよくないと考えており、幅広くいろいろ経験し、責任の重い地位についてリーダーダーシップを発揮できるようになることが目標となる。

③自律・独立志向 （Autonomy/Independence, AU）

規則や手順、時間などの制約に縛られることを嫌い、自分のやり方、自分のペース、自分の納得する仕事の標準に基づいて働きたいと望んでいる。そのため、何事も自分で決められる（自律的である）ことが働く意欲となる。実現すべき目標に対して、自らのやり方で行い、自分なりの成果をあげていけるようになることが目標となる。

④保障・安定志向 （Security/Stability, SE）

安全で確実と感じられ、将来のできごとを予測することができ、しかもうまくいっていると知りつつゆったりとした気持ちで仕事をしたいと望んでいる。そのため、初めと終わりがきちんとしていて、パターン化されている仕事がやりやすくてよいと考える。これをかなえてくれる組織と一体感を感じながら、着実に仕事を進めることが働く意欲となる。自分の忠誠心を認められ、じっくりと確実で手堅い成果をあげていくことが目標となる。

⑤起業家的創造性志向 （Entrepreneurial Creativity, EC）

新商品やサービスの開発、あるいは組織や仕組みを作ったり、常に新しい創造に挑戦し続けることを望んでいる。そのため、何かを創造することが働く意欲となる。個人としての成果や実績を広く認められることが目標となる。

⑥奉仕・社会貢献志向 （Service/Dedication to a Cause, SV）

自らの価値観を仕事の中で具体化したいと望んでいる。そのため、何らかの形で世の中をよくできるという思いが働く意欲となる。逆にそうでないと働く意味がないと考える。誰かのため、何かのために役に立っていると実感でき、それを仲間や上司から認められることが目標となる。

⑦チャレンジ志向 （Pure Challenge, CH）

ちょっと難しい課題に立ち向かい、何事にも、あるいは誰にでも打ち勝つことができることを望む。そのため、ほかの人にはできないことに挑んでいくことが働く意欲となる。一方、達成すると興味を失くすことがある。常に、何か新たな課題にチャレンジし、実現していくことが目標となる。

⑧ワークライフバランス志向 （Lifestyle, LS）

仕事一辺倒でなく、日々の生活の中で、ワークライフバランスをしっかりと確立できることを望む。個人のニーズ、家族のニーズ、キャリアのニーズをそれぞれ大切にし、うまく統合したいと考えている。そうするためには、仕事の面で無理をすることもいとわない。それぞれのニーズを大切にし、豊かな人生を歩んでいくことが目標となる。

出典：筆者作成

　記入した内容を見つめてみると、こんな風に生きたい、働きたいという自分の価値観がつかめてくると思う。

❷-6　ライフラインチャート

　子供の時からこれまでの自分を振り返って書き出してみよう。その結果
として、その時の満足度を折れ線で示してみる。（満足度を示してから、その理
由として上記４つを振り返ってもよい）

図表 5-8　ライフラインチャート

	小学時代まで	中学時代
忘れられないできごと		
かけがえのない出会い		
ポジティブな経験 　熱中していたこと 　得意だったこと 　うれしかったこと 　楽しかったこと		
ネガティブな経験 　嫌だったこと 　苦手だったこと 　くやしかったこと 　悲しかったこと 　つらかったこと		
その時の満足度 　　高 　　低		

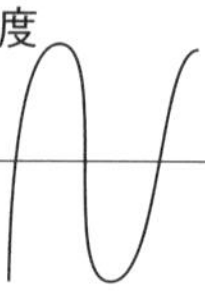

チェックポイント

✛ 満足度の高い時は、なぜ満足だったか？ _____

✛ 満足度の低い時は、なぜ不満足だったか？ _____

✛ 影響を受けた出会いは何だったか？　それで何が変わったか？

_____

✛ 全体を通して「自分が大切にしてきたこと」を探してみよう。

　私は、_____ を大切にしてきました。

高校時代	大学時代

出典：筆者作成

②-7 未来ビジョン

ドナルド・E・スーパーは、キャリアは「人生のある年齢や場面のさまざまな役割の組み合わせである」と定義している。この役割をライフロールというが、それぞれの役割をどう果たしてきたかを振り返り、どのような人生を送りたいか、自分の未来ビジョンを考えてみよう。

このビジョンの中で「仕事」や「家庭」をどのように位置づけていくかを考えることで、それを実現するにはどのような仕事や会社を選択していくのがよいかを考えてみよう。

÷ 6つのライフロール

①子供（娘）　②学生　③余暇を楽しむ人　④市民　⑤職業人　⑥家庭人

《留意点》

あなたが実現したいと思えるような「夢の人生」を描くため、数字や固有名詞などを具体的に示し、どんどん書き込んでみよう。

図表 5-9 ライフロール

ライフロール	これまで（振り返り）			現在	
	小学校	中学校	高校		20歳代
子供（娘）					
学生					
余暇を楽しむ人					
市民					
職業人					
家庭人					

《記入例》

① 子供（娘）　　　　　しつけは厳しかったが、愛情を注いでもらった（小学校）
　　　　　　　　　　　　親の面倒をみる（50歳代）

② 学生　　　　　　　　志望校めざしてひたすら勉強（高校）
　　　　　　　　　　　　海外赴任めざして TOEIC 800 点取得（28歳まで）

③ 余暇を楽しむ人　　　週1回はテニス（20歳代）
　　　　　　　　　　　　育児を終え本格復帰。コンクール優勝を目指す（30歳代半ば）
　　　　　　　　　　　　夫婦で年5回旅行する（60歳代）

④ 市民　　　　　　　　地域活動やボランティアに家族で参加（40歳代）

⑤ 職業人　　　　　　　海外赴任してグローバルに活躍（20代後半から30歳代前半）
　　　　　　　　　　　　育児休職後、職場復帰（30歳代後半）
　　　　　　　　　　　　500万円の資金を貯めてセカンドキャリアに転進（50歳代）

⑥ 家庭人　　　　　　　28歳で結婚。相手は○○似のやさしい人
　　　　　　　　　　　　30歳で男の子を出産。名前は太郎（30歳代）
　　　　　　　　　　　　長女（花子）が就職・結婚。夫婦水入らず（50歳代）

これからの人生（自分の夢）				
30歳代	40歳代	50歳代	60歳代	70歳代以降

チェックポイント

✛ これからの人生で、どうしても実現したいことは何か？

_____

✛ 逆に、こうなるのはイヤと思うことは何か？

_____

✛ それを実現するために、いつ何に努力する必要があるか？

_____

✛ この人生を実現するために、どのような業種・職種・会社を選ぶとよいか？

　私は、＿＿＿＿＿＿＿＿＿＿を実現するために、＿＿＿＿＿＿＿＿に就職したい。

　就職後は＿＿＿＿＿＿＿＿＿＿＿＿＿＿に向けて努力したい。

✛ 全体として、どのような人生だったと思えるのが理想か？

　私は、＿＿＿＿＿＿＿＿＿を実現し、＿＿＿＿＿＿＿＿＿と思える人生を送りたい。

❷-8　ジョハリの窓

　サンフランシスコ州立大学の心理学者ジョセフ・ルフト（Joseph Luft）と
ハリー・インガム（Harry Ingham）は「対人関係における気づきのグラフモ
デル」を発表した。これが後に「ジョハリの窓」と呼ばれるモデルである。
自分のことはわかっているようで実はわかっていないし、人には知らせて
いない自分もある。このモデルは、自分がわかっていること、他人が知っ
ていることの組み合わせから４つの自己があることを説明する。

　自分ではわかっているが他人に知られていない自己（秘密の窓）、他人はわ
かっているが自分が気づいていない自己（盲点の窓）、自分も他人もわかって
いない自己（未知の窓）などだ。

　自己開示や自己理解の程度により自己を分類してみると、自分自身に関

して理解が深まる。自分で知っている自己を書き出すとともに、何人かの友人に自分のことで知っていることを書き出してもらい、4つの象限に分類してみると、自己に関する発見があるだろう。

それでは、ジョハリの窓を使って、自己への理解を深めよう。

① 家族でも、友人でも、あなたのことを良く知っている人へメモ用紙を渡し、あなたの良い点や好きな点、強みと言える点を思いつくまま5つ以上書いてもらう。5人程度に頼めば、重複はあったとしても合計25個の良い点が集められる。

② 併行して、あなた自身も10個以上は自ら思う良い点を書きだしておく。
（良い点は他者より優れている点ではなく、自らポジティブに評価できる点、特徴である。程度に関わらず思いつくまま書き出し、後から取捨選択する方法が書きやすい）。

③ コメントを回収できたら、書いてもらった良い点とあなたが書いた良い点を照合し、4つのボックスを書いた用紙に、書き込んでいく。（とは言え、「未知の窓」（誰も気づいていない可能性）にはいずれも該当しない）。

・開放の窓　あなたが書き、誰かも（一人でも）書いた内容を記入
・秘密の窓　あなただけが書いた内容を記入
・盲点の窓　誰か（一人でも）だけが書いた内容を記入

《開放の窓》に書かれた良い点の使い方

ここに書かれた内容は、自他ともに認めるあなたの良い点と言える。自信をもち、意識して、この良い点や強みを日常のなかで使ってほしい。使うことで、さらに伸ばしていける。

《秘密の窓》に書かれた良い点の使い方

自分では良いと思っているものの、周囲には知られていない点と言える。周囲に知ってもらえるくらい、この点を使っていくのが良い。

《盲点の窓》に書かれた良い点の使い方

まだ、あなた自身が気づけいないあなたの良い点と言える。自分の新たな面ととらえ、今後積極的に使っていこう。

図表 5-10　ジョハリの窓

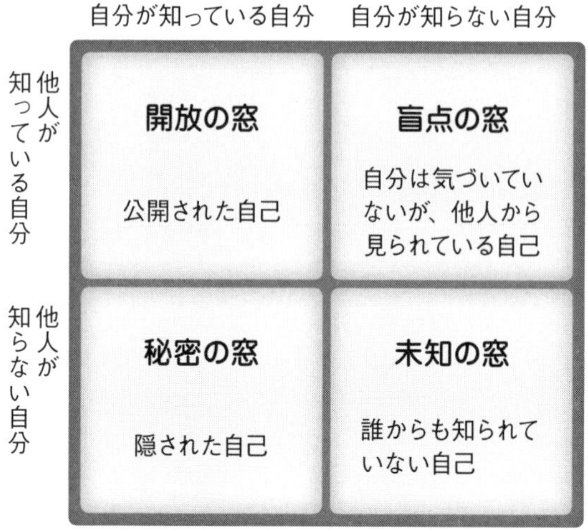

自分が知っている自分　　自分が知らない自分

	自分が知っている自分	自分が知らない自分
他人が知っている自分	**開放の窓** 公開された自己	**盲点の窓** 自分は気づいていないが、他人から見られている自己
他人が知らない自分	**秘密の窓** 隠された自己	**未知の窓** 誰からも知られていない自己

❷-9　自己分析のまとめ

　ここまで、さまざまな切り口から自己分析を行ってきた。その分析結果を整理して、「自分らしさ」を明らかにするために、あらためてシャインの3つの問いに答えてみよう。

①シャインの3つの問いに答えてみよう！（分析結果の整理）

　「キャリアプランシート」から「ジョハリの窓」までの自己分析を振り返り、ここでわかった「自分のこと」を踏まえて、3つの問い（できること、したいこと、価値を感じること）に答えてみよう。

図表 5-11

(1) できること（能力・スキル・経験）〜いったい自分は何ができるのか？〜

①得意・好きなこと、資格・スキル、豊かな経験・知識

②得意と言える「物事の進め方」「コミュニケーション方法」「リーダーシップ」

③自分らしいと言える「考え方・取り組み姿勢」「行動のタイプ」
　（あたりまえに行っていること）

④これから、できるようになりたいこと

(2) したいこと（夢・興味・関心）〜本当にしたいことは何か？〜

①得意や好きを活かして、どんなことに、どのように取り組んでいきたいか

②夢の実現／ありたい姿に近づくために努力したいこと

この章の参考文献
『働くひとのためのキャリア・デザイン』金井壽宏
PHP 新書 (2002 年)
『キャリア・アンカー』エドガー・H・シャイン著
金井壽宏訳 白桃書房 (2003 年)
『安田女子大学・安田女子短期大学 就職ハンドブック
2017』
『キャリアデザイン入門』菊地信一 光生館 (2007 年)
『自分のキャリアを自分で考えるためのワークブック』小野田博之 日本能率協会マネジメントセンター
(2005 年)
『ポジティブ心理学入門：「よい生き方」を科学的に
考える方法』
クリストファー・ピーターソン著・宇野カオリ訳
春秋社 (2012 年)

（3）価値を感じること（生きる・働く上での価値観）
～何を大切にして生きていきたいのか？～

①やっている時に意味や価値を感じたできごとと、 　そこでどんな意味や価値を感じたか
②大切にしていきたい考え方・価値観・取り組み姿勢、モットー
③時代や社会、家族や周囲などからの要請で、やるべきと思うこと
④何十年後かに、人生を振り返り、どんな人生だったと思いたいか

②自分のこと（自分らしさ）をまとめてみよう

　シャインの３つの問いに記述した内容をじっくりながめ、自分の特徴や自分らしさを説明するうえで重要と言える箇所に印をつけ、さらにそこから、自分らしさを説明するキーワードを挙げよう。また、このワークを通じて「気づいたこと」、「感じたこと」をまとめ、そこから「自分自身の好きと思える点」を書き込んでみよう（「自分を好きだ」と思えることは、とても大切である）。

図表 5-12

(1) 自分らしさを表すキーワードを挙げてみよう

(2) ワークを通じて、気づいたこと、感じたことを書いてみよう
（「自分らしさ」をどう実感したか？）

(3) 自分自身の好きと思える点をたくさん挙げてみよう

3 Good Things

　みなさんは、毎日、寝る前の習慣にしていることがあるだろうか。寝る前の習慣にしてほしいことの一つとして、元米国心理学会会長のセリグマンらが提唱した、3 Good Thingsというメソッドがある。

　1日の終わりに、その日にあった「良いこと」を3つ書きとめるといったシンプルな内容だ。うれしかったことや良かったと思えることを重要かどうかにとらわれず、思いつくまま書いてみるとよい（最低1週間は続ける）。昼のパスタがおいしかったでもよいし、発表をほめられた、でもよい。良いできごとを確認することで、幸せな気持ちで眠りにつけ、後日においても幸福感を増大できることが実証されている。

　人は、うまくいかなかったことや足りないことを気にしがちであるが、ポジティブ心理学では、良いことやうまくいったことにフォーカスする。つまり、このワークは、つい見過ごしがちになる、できていること、うまくいっていることにフォーカスする練習と言える。

　ポジティブ心理学の研究では、日常的に自分がありがたいと思う事柄を数えることで、自分の人生がより幸せになるという調査結果が一般的である。幸せな気持ちを持てればこそ、前向きに毎日を送れると思うので試してほしい。また、良いことの部分を「うまくできたこと」、「うまくいったこと」に限定して使えば、自分自身に自信をもつことができる（自己効力感と言う）ようになる。イケてる自分に気づくために、ぜひ実践してほしい。

キャリアを描く

　キャリアデザインとは、将来どのような人生や働き方をしたいのか、自らの夢やビジョンを描き、その実現に向けた計画を設計し実現していくことである。その時々の状況に流されるのではなく、自分の経験やスキル、価値観やライフスタイルなどを考慮したうえで、自らが主体となって自分自身のキャリアを構築していくことを意味する。

③-1　キャリアデザインの進め方

　分析結果が整理できたら、これに基づき、将来のキャリアを描いてみよう。キャリアを描くうえでのステップと留意すべきことは次の通りである。

①自分らしさを生かせるビジョンを描く

　もっとも大切なのは、過去、現実と向き合い「自分らしさ」を確認したうえで、「なりたい自分」を描くことである。みなさんは、ここまでの自己分析で、過去、現実の自分と向き合ってきた。ここで確認できた「自分らしさ」を生かし、さらに伸ばしていける、理想の状態、理想の日々を思い描いてみよう。

②バックキャストして目標を設定する

　「なりたい自分」が描けたら、これを具体化するために何を行えばよいかを計画し、達成したい到達点（目標）を設定する。計画策定にあたっては、バックキャスト（将来のある時点における達成点を起点にして、現在すべきことを考える）の考え方を使い、いつまでに何をすればよいか、5/3/1年後の時点における目標をマイルストーン（道しるべ）として設定しよう。

③ルーティン化し継続的に実行する

　目標達成するには、継続的に行動するのが一番である。それには、行う

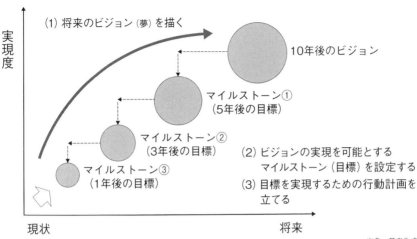

図表 5-13　バックキャスト （10 年後のビジョンを実現するための例）

(1) 将来のビジョン (夢) を描く

実現度

10年後のビジョン

マイルストーン①
（5年後の目標）

マイルストーン②
（3年後の目標）

マイルストーン③
（1年後の目標）

(2) ビジョンの実現を可能とする
　　マイルストーン （目標） を設定する
(3) 目標を実現するための行動計画を
　　立てる

現状　　　　　　　　　　　　　　将来

出典：著者作成

ことをルーティン化 (習慣化) するのがおすすめである。朝起きたらこれを、電車のなかではあれを、何曜日の何時からはこうしたことを行うといった具合である。継続できると自己効力感 (うまくできそうと自分に自信をもてる) も高まるので、試してほしい。

④振り返りを行い、やる気を高める

　時折、立ち止まって、進み具合やそこまでの成果を振り返ろう。予定通りにできていなくても、できた部分に着目することがおすすめだ。「努力した分は成果が出ているな」「やればできるよ」と自信がついて前向きな気持ちになれる。また、必要なら計画を微修正しよう。

⑤転機や節目にデザインする

　キャリアデザインは、ひとたびビジョンや計画を描いたからといって終わりではない。就職活動など将来を考える必要を感じたときはもちろん、新しい環境に身を置いたり新年を迎えたりなどスタートのとき、これまでの生活や生き方を変えざるを得ない転機と思えるときなど、人生の節目にはキャリアデザインを行い、自分のキャリアを切り拓いていってほしい。

❸-2 「なりたい自分」を描く

　それでは、キャリアデザインの進め方の1番目に示した通り、まず将来の「なりたい自分」を描いてみよう。描くうえでのポイントは、その時点の自分をできるだけ具体的に思い描くことである。そのうえで、それを実現するための就職先や大学生活をどうしたいかについてじっくり考えてみよう。

図表 5-14

(1) 最終的に「なりたい自分」 (何年後かの自分)　……（　　　　　　　　　）年後
自己分析の結果としてまとめた「キーワード」「自分らしさ」「好きと言える点」を読み返したうえで、「そうなりたいな」と思う将来の自分を描いてみよう。

(2) それはどんな光景・状況のもと、誰と何をしていますか？ (ビジュアルな説明)

(3) そうなるために必要な経験、知識、スキル。身につけたい行動力、考え方や姿勢

(4)「なりたい自分」を実現するために、近道と言える就職先や仕事の内容は？

❖ 業界や具体的な企業

❖ 仕事の内容

❖ その仕事への取り組み方（どんな人だと言われるようになりたいか？）

(5)「なりたい自分」を実現するために、どんな大学生活にしたいですか？
　　（大学生活に望んでいること、ゴール）

(6) 大学時代に、具体的に、やるべきこと、やりたいこと

❸-3 「なりたい自分」の具体化計画

大学時代に、やるべきこと、やりたいことが明らかになったら、いつまでに何をするかを計画表に記入してみよう。(継続できそうな無理のない計画にすること)

図表 5-15　具体化計画

取り組むこと	達成目標	8月	9月	10月

取り組むこと	達成目標	6月	7月	8月

11月	12月	1月	2月	3月	4月	5月

9月	10月	11月	12月	1月	2月	3月

図表 5-7 〜 5-15 出典：著者作成

6章

業界研究・
企業研究

業界研究・企業研究の進め方

　自己理解を行い、自分らしさが再確認できたら、次に行うべきは、その自分らしさを生かせるフィールドを見つけることだ。これが業界研究・企業研究である。先にも述べたとおり、これは、単に就職先を決定することではなく、自分らしさを生かしてイキイキと成長・活躍できる仕事環境や生活基盤を選択することだ。

　最終的には、自己を生かせる業界・企業を1つ見つければよいが、人は、何事においても自分の知っている範囲でしか選ぶことができない。普段の生活から、世の中の動き、どんな業種や企業があるのか、どんな働き方があるのかなどを幅広く「知る」ことから始めよう。

　就職希望先を名前だけで決めてしまっては、その就職希望先がどんな業種に属し、今どんな状況におかれているのか、例えば伸びている業種なのか衰退している業種なのか判断がつかない。また、業界によって担当する仕事の種類が異なるため、まずは希望業種を絞ったうえで企業研究を進めるのが一般的だ。

　希望業種を絞るにあたっては、「自分の将来はどうなるのか」という長期的な見方で考えてみよう。どの業界でどのように活躍している自分がイメージできるか、業界研究を通して自分自身の未来を描いてほしい。

　業界研究を行うにあたり、どのような業界があるかを次に示す。

❶-1　産業別分類 −業界を産業でとらえてみる−

　ここでは、「産業別分類」と「機能別分類」に基づいて主な業種と産業の例をあげてみる。

図表 6-1　主な産業別分類

分類	産業の例
農業	農業、野菜・果樹作農業、酪農業、養豚・養鶏業、園芸サービス業など
林業	育林業、特用林産物生産業、林業サービス業など
漁業	海面漁業、内水面漁業・海面養殖業、内水面養殖業など
鉱業	金属鉱業、石炭鉱業、原油・天然ガス鉱業、採石業、砂利採取業など
建設業	土木工事業・舗装工事業、建築工事業、大工工事業、鉄骨・鉄筋工事業、塗装工事業、設備工事業、電気工事業など
製造業	食料品製造業、衣服その他の繊維製品製造業、家具装備品製造業、印刷関連業、化学工業、金属製品製造業、機械器具製造業など
電気・ガス・熱供給・水道業	発電所、変電所、ガス供給所、ガス事業所、上水道業、下水道業など
情報通信業	信書送達業、電気通信業、放送業、情報サービス業、インターネット付随サービス業、映像・音声・文字情報制作業、新聞業、出版業など
運輸業	鉄道業、旅客・貨物運送業、航空運送業、倉庫業、運輸に付帯するサービス業など
卸売・小売業	各種商品卸売業、繊維・衣服卸売業、飲食料品卸売業、百貨店、総合スーパー、自動車・自転車小売業、書籍・文房具小売業など
金融・保険業	銀行業、協同組織金融業、政府関係金融機関、クレジットカード業、証券業、保険業、貸金業、補助的金融業など
不動産業	不動産取引業、不動産賃貸・管理業など
飲食店・宿泊業	一般飲食店、遊興飲食店、旅館・ホテルなど
医療・福祉	医療業、保健衛生、社会保険・社会福祉・介護事業など
教育	学校教育、社会教育、学習支援業など
複合サービス事業	郵便局、協同組合など
サービス業	専門サービス業、学術・開発研究機関、理容・美容・浴場業、旅行業、娯楽業、廃棄物処理業、物品賃貸業、広告業、事業サービス業など
公務	国家公務、地方公務など

出典：安田女子大学・安田女子短期大学就職ハンドブック 2017

世の中にどんな業界や産業があるのかを理解して、「業界地図」なども参考にしよう。

ここでは、「日本標準産業分類」に基づいて主な業種と産業の例をあげる。（図表6-1）

❶-2　機能別分類 −業界を役割や機能でとらえてみる−

それぞれの業界にそれぞれの面白みがある。自分がどんなかたちで社会と関わるのか、「機能や役割別」で考えてみよう。会社説明会でそうした業界の特性をしっかり聞いてみると、仕事の面白さがわかってくる。

モノづくりでも、原料なのか、素材なのか、部品なのか、完成品なのか、で企業の役割や関わりは違ってくる。

=== Column ===

「よく知っている企業」と「あまり知らない企業」

✤ B to C（ビー・トゥ・シー、Business to Consumer ／ Customer の略）

　一般の消費者を顧客としている企業。テレビ CM や広告を頻繁に目にし、店舗や商品が身近にあるため、多くの人が知っている。

✤ B to B（ビー・トゥ・ビー、Business to Business）

　企業を顧客としている企業（原料、素材、部品を作る会社など、自社製品の納入先が企業となる会社）。一般の消費者に対して CM や広告を流すことがなく、一般の人にはなじみの薄い企業が多い。しかし、世界に誇れる技術を持ち、用途の開発によって市場を開拓するなど、将来性が高く、やりがいのある優良企業がたくさんある。B to B の企業を視野に入れると、企業探しの選択肢が大きく広がる。

モノやカタチのないモノを売る（サービスを提供する）、金の流れに関わる、情報に付加価値をつける……どんな形で社会と関わるか。それを考えて仕事選びに生かそう。

図表 6-2　機能別分類

カタチのあるモノを売る	メーカー （モノをつくる－原料・素材・部品・完成品）	▪農林 ▪食品・水産 ▪建設・設備工事 ▪住宅 ▪繊維・鉄・パルプ ▪化学・石油 ▪薬品・化粧品 ▪ゴム・ガラス・セメント・窯業・セラミック	▪鉄鋼・鉱業 ▪非鉄金属・金属製品 ▪機械・プラントエンジニアリング ▪電子・電気機器　▪環境 ▪自動車・輸送用機器 ▪精密機器・医療用機器 ▪印刷・文具・事務機器関連 ▪その他
	商社 （モノを動かして社会に売る）	▪総合商社・専門商社 ▪通信販売	
カタチのないモノを売る	情報通信 （情報に付加価値をつけて売る）	▪通信 ▪ソフトウェア・情報処理・ゲームソフト	▪マスコミ
	金融（お金を動かして利益を得る）	▪銀行 ▪生保・損保 ▪証券・投資信託 ▪クレジット・信販・リース ▪その他金融・商品取引	
	サービス （カタチのないモノを売る）	▪フードサービス ▪ホテル・旅行 ▪教育 ▪電力・ガス ▪農協・公社・団体 ▪公益法人・官公庁・警察	▪コンサルティング・調査 ▪人材・アウトソーシング ▪医療・福祉・調剤薬局 ▪アミューズメント・レジャー ▪不動産・運輸・物流 ▪その他

出典：安田女子大学・安田女子短期大学就職ハンドブック2017

職種と仕事内容

　希望に合った就職先を探すには、業種だけでなく自分の適性や能力等を生かすためにも、職種について具体的に研究する必要がある。自分に合った業種、自分に合った職種、その中から自分らしく活躍できると思える就職先を選ぶとよい。

図表 6-3-1　一般企業における主な職種と仕事内容

職種	仕事内容
営業・販売	モノやサービスを売る仕事。直接会社に利益をもたらすので、会社の中心部署と言える。 消費者の生の声を商品の開発などにフィードバックするという大切な役割も担っている。
生産・製造	生産現場が、よい製品を安く時間通りに生産する努力があって初めて営業・販売は活動することができる。メーカーにとっては命運を握る部署とも言える。
仕入れ・資材管理	モノを安くつくるためには、良い材料や部品を安く仕入れることが前提になる。売上を伸ばすには、消費者が必要とし喜んで買い物をするようなモノを仕入れなければならない。
研究・開発	会社の陰の立役者。どんないいアイデアでも商品にならなければ意味がない。開発の試行錯誤があるからこそ商品が生まれる。この部署の活躍次第で会社の活気が変わってくる。
総務	他部署の仕事の流れが滑らかに進むように社内の環境を整えるのが主な仕事。内容は驚くほど広く、庶務・文書管理・事務用品の購入・式典準備など多岐にわたる。
人事・労務	ヒトに関する全ての仕事を担当する部署。人事と言えば採用を思い浮かべるかも知れないが、教育・研修・異動・昇進・昇格なども担当する。また、経営陣の補佐の役目も務める。
経理・会計	お金を扱う。預貯金・手形の出納・社員の給与や交通費の支払い・事業計画のための予算や1年のまとめでもある決算を行う。固定資産の管理をする管財も経理関係の仕事。
企画・広報・宣伝・マーケティング	宣伝・広報は、自社のどこをアピールすれば一番効果的かを見極める判断力が必要になる仕事。また、経営陣が滑らかに活動できるように助言したり判断材料となる資料をまとめたりする。

出典：安田女子大学・安田女子短期大学就職ハンドブック 2017

図表 6-3-2　営業職の仕事内容　　＊扱う商品や顧客によって仕事内容が異なってくる。

職種	仕事内容
コンサルティング	顧客のニーズを引き出し、自社の商品や情報サービスと組み合わせてプランを提示する。金融・証券・情報システム・リース商品・トラベルなどに多い。
サポート	取引先からの直接注文は受けないが、情報を提供してアドバイスや提案をする。医薬品メーカー・アパレル・卸売などに多い。
ルート	既に取引のある顧客・小売店を訪問して商品の受注を獲得する。食品・飲料メーカー・生活用品メーカー・医薬品メーカーなどに多い。
デモンストレーション	ショールームなどで商品を見せながら商談を行う。住宅・インテリア・自動車メーカーなどに多い。
新規開拓	今まで取引のない会社や個人宅を訪問する。最近は減少傾向だが、教材・化粧品・保険・投資用不動産のセールスなどに多い。
法人営業	企業や会社、学校、団体に対して営業活動を行う。
個人営業	個人に対して営業活動を行う。

出典：安田女子大学・安田女子短期大学就職ハンドブック 2017

図表 6-3-3　具体的な職種と仕事内容

職種	仕事内容
オフィス事務関係	
一般事務 (総称)	全般的な事務の仕事を処理する職務で、仕事の範囲が非常に広く、受付・秘書などの仕事を含んでいることがある。総務部門、販売部門、企画調査部門、製造部門など企業のほとんどの部門に及んでいる。
総務・庶務・人事・労務	社内文書の整理・保管、郵便物の発送・収受、事務用品の管理、出勤簿や各種届出など人事関係書類の処理、福利厚生関係の業務などがある。また企業により、秘書、受付、タイピストなども総務部門に含む。
経理・財務	伝票整理、帳簿管理、年間の決算書・予算書の作成、月ごとの給与計算など、企業内の金銭の流れを管理調整する。
営業事務	電話対応や窓口業務、売上伝票などの書類の作成や整理、配送の手配など、営業をフォローする。企業の内容に精通することが必要。
金融関係	
テラー	窓口担当者ともいい、銀行を訪れる顧客との接点として「銀行の顔」といわれる重要な仕事。預金テラー、為替テラーなどがある。
貸付係	取引先からの借入れ申し込み受付、貸出しの実行、貸出後の管理および貸出債券の回収などの仕事。
保険セールス (法人職域FC等)	各家庭、企業、団体を廻り、各種保険の勧誘、契約、集金などを行う。特に法人職域FC等 (会社によって名称はさまざま) は、企業・団体のみ行う。専門的な知識・接客技術が必要となる。
証券外務員	証券会社の営業担当者のことで、直接顧客と接し、有価証券の売買をすることができる資格を持った人のことである。
コンピュータ関係	
システムエンジニア (SE)・カスタマーエンジニア (CE)	情報処理技術者の中で最も主要なもので、コンピューターを利用したシステムの分析・開発・設計をする。コンピューター全般の知識と視野の広さ、独創性が必要。
CADオペレーター	コンピューターを使った設計デザインシステムを用いて各種の設計作業を行う技能職。
建設・住宅・不動産関係	
インテリアデザイナーインテリアプランナーインテリアコーディネーター	室内の環境設計を行う。住宅だけでなく、オフィス、ホテル、劇場のロビー、車両、船舶、航空機の客室などもデザインする。また、家具や照明器具のデザイン設計などを行う場合があるなど、住宅に対するイメージ作り、家具や照明器具の選択、組み合わせ、配置などを考える。

ハウジングアドバイザー	住宅展示会場やモデルルームで訪問客の相談に応じ、住宅のアドバイスを行う。
住宅・不動産会社・営業	住宅や土地を買うか買い換えたい人と接触し、さまざまな要望に応じながら住宅、土地などを販売する。

運輸・通信・観光関係

キャビンアテンダント (CA)	航空機内において旅客サービスに携わり、緊急事態が発生した場合は乗客を統率し安全をはかる。
グランドスタッフ (GS)	航空会社の地上サービス職。空港内で手荷物の受託やインフォメーションサービス、入国手続きの補助など旅行客の世話や案内をする。
旅行カウンター係	窓口業務。旅の総合的な相談を受け、希望に応じた旅のアドバイスをしたり、交通機関・宿泊施設の予約・手配や販売をする。

小売・卸売等販売・セールス関係

販売員	いろいろな商品を必要とする人や会社に売る仕事。商品や販売する形態により異なった職名がある。
フードスペシャリスト	多様化する現代の「食」のアドバイザーとして食に関する高度の知識及び技術を有し、食品メーカー、百貨店、スーパー、レストラン、ホテル等幅広い業種に活躍の場がある。
バイヤー	仕入係ともいう。商品の選定、発注、価格設定、搬入や支払いのスケジュールなどを決定する。また、販売方法や陳列方法を指導する。その他販売現場の意見・要望を聞き、これらの情報収集、分析を行う。
スーパーバイザー (エリアマネジャー)	いくつかの店舗やフランチャイズ加盟店を巡回し、店長やスタッフの支援や売上の向上の指導を行う上級職。
マーチャンダイザー(商品開発)	商品の開発・販売計画、予算管理などの、商品計画全般を行う。
販売促進部員 (セールスプロモーター)	デパート等で営業政策にそってイメージ戦略を立て、商品計画、流通経路の対策、宣伝の企画をしたり、広告を制作したり、催し事を行う。
外商部員	アウトセールスともいう。特定の固定顧客だけを相手に販売する。顧客の開拓・販売・代金回収などが主な仕事。法人外商と個人外商にわかれる。
自動車セールスマン	自動車産業の最前線で、ユーザーに直接自動車の販売業務を行う。
MR (医薬情報担当者)	医師・薬剤師に対して薬の適正使用情報や副作用情報、海外での処方例や新薬の宣伝活動などを行う製薬業界での営業職にあたる。

MS (医薬品卸販売担当者)	製薬会社から仕入れた医薬品や医薬材料、医薬機器を医療機関や調剤薬局に供給する仕事。薬の効能・効果・医薬制度などの情報提供活動も行う。
SR	大衆薬・市販薬を薬局やドラッグストアに届けたり、コンビニエンスストア・スーパーマーケットなど、各販売店にきめ細かく対応し、販売促進に関する情報提供も行う。

マスコミ・出版関係

コピーライター	広告の文章を書く専門家。アートディレクターや写真家などと協力し、広告コンセプトを立て、商品について解説し、消費者の販売意識を高め、販売行動へとつなげる。
Webデザイナー	ホームページデザインから動画デザインなど、プログラミングによる動的なデザインを作成する。ＤＴＰソフトが使えるなど専門的な知識が必要。
新聞記者・ 雑誌記者・ 放送記者	社会・政治・経済・外信・地方・文化・運動・写真など各部に分かれ、それぞれ専門の記者が、速やかな報道をするための取材を行い、あらゆる角度から調査・分析したり解説を加えたりし、その結果を記事にする。
アナウンサー	ニュース番組やバラエティ番組などで情報を音声によって視聴者に伝達する役割。最近は司会やインタビュー、その他ドキュメンタリー、ドラマなどのナレーション、ＣＭなども担当する。

医療・保健関係

薬剤師	薬剤師は、調剤業務、薬局の管理者、一般販売業の管理者、医薬品製造業の管理者、保険薬剤師、学校薬剤師などの業務に従事することができる。
医療事務	医療機関や病院などで患者のカルテからレセプト（診療報酬請求明細書）を作成する保険請求事務の仕事。受付を担当することもある。

教育・社会サービス関係

幼稚園教諭	幼児の心身の発達を助長するため、幼児に楽しく充実した生活をさせる中で、健康・人間関係・環境・言葉・表現などの領域を指導する。
小学校教諭	小学校全教科を担当する。教育計画を立て、教材研究準備、学習指導を行う。また、教育測定や評価を行い、学級担任として学級を経営するとともに児童の生活指導なども行う。
中学校教諭・高等学校教諭	小学校教諭に比べ専門化した教科、科目を担当する。各学年、学級の生徒が子供から大人へ成長する過渡期にあり、身体的にも精神的にも不安定な状態にあって、独立心や反抗心もあるので適切な学習指導や生活指導が重要となる。

学芸員	博物館や美術館、資料館などで歴史、芸術、民俗、自然科学などの資料を収集し、展示、解説をするとともに専門領域に応じて実地での調査、研究を行う。
司書	国公立、学校、企業などの図書館や資料室で図書資料や情報を収集し、分類や目録を作成して整理し、利用者に貸出したり、相談に応じたり、知識や情報を提供したりする。
日本語教員	日本語を外国語あるいは第二言語として学ぼうとする外国人等に、日本語の読み・書き・話せる能力を身につけさせる教員を指す。日本語教員は専門学校の教員をはじめ、海外にも活躍の場がある。
福祉・社会サービス・医療関係	
栄養士	学校・病院・給食センター・社会福祉施設・食品会社などで、栄養学に基づいた理想的な栄養バランスの献立作成や調理方法の改善・指導等を行う。
管理栄養士	栄養士が行う業務に加えて①傷病者に対する治療のために必要な栄養指導、②個人の身体の状況、栄養状態に応じた高度の専門知識及び技術を要する健康保持増進のための栄養指導、③特定多数の人に対して、継続的に食事を供給する施設における利用者の身体状況、栄養状態、利用の状況等に応じた特別の配慮を必要とする給食管理及びこれらの施設に対する栄養改善上必要な指導を行う。
保育士	保護者に代わって子供の保育にあたる専門家。保育所や養護施設、精神薄弱児施設などの児童福祉施設で子供の年齢に応じた生活全般の指導をし、保護する。
児童相談員	児童の持つ多種多様な問題について、専門の立場から相談に応じ、その解決を図るための助言、援助、措置を行う。
介護員・相談員	老人福祉施設や保護施設、身体障害者更生援助施設などに入所している方の日常生活の世話をし、またよき話し相手、相談相手となる仕事。介護の仕事を含む。
サービス業	
フロント	ホテルなどの予約の受付、宿泊の手続き、部屋の手配や宿泊客などへのインフォメーションや宿泊費の精算などが主な仕事で、利用客との接触が多い。
ブライダルコーディネーター	婚礼に関するすべて、式場から旅行、家具、生活の準備にいたるまで、いろいろな相談に応じ、アドバイスを行う。

出典：安田女子大学・安田女子短期大学就職ハンドブック 2017 を一部改定

イメージ先行の仕事選びにならないために

　みなさんは職種やその仕事内容について、どこまで知っているだろう。実は就職活動をするうえで最も不足しがちなのが、この仕事内容に関する情報である。ドラマや口コミなど、部分的な情報だけで判断して仕事内容を偏ったイメージでとらえて活動すれば、選考がうまく進まない、行きたい会社がないなど、自分の可能性を狭めてしまう。

　企業案内やホームページで確認するのはもちろんとして、会社訪問やOG訪問をするなどにより、自分の目で見て、また肌で感じて、生きた情報収集を行おう。

　学生が偏ったイメージで捉えていると感じる職種について補足する。

❖ 職種に対する偏ったイメージ
《営業》
　営業職というとノルマがある、商品を売りつける、話がうまくないとだめ、売れないと自分で買わされるなどのイメージを持つ学生は多い。それゆえに営業職だけはしたくないと敬遠されることも多い。

　サービスや商品・製品を提案し顧客に喜んでもらう仕事であることに着目してほしい。顧客に買っていただく以上楽してできる仕事でないことは確かだが、顧客の求めるものを提供する、やりがいのある仕事である。また、営業かどうかより、誰に何を提供する仕事なのかが重要。まずその会社の営業とは何をする仕事なのかを確認することから始めたい。

《小売業務 (流通業)》
　百貨店やスーパーなどに代表される小売業というと、店頭で商品の販売を行うイメージが強い。アルバイトでもできる仕事との誤解を持つ学生は

多い。販売で経験を積みフロアの責任者への昇格、その後マネジメントに携わった経験を生かす仕事などがある。スーパーバイザー（スタッフ支援、店舗の指導）、バイヤー（商品仕入れ）、プレス（広報）、マーチャンダイザー（商品開発）など、どんどん仕事の幅が広がっていく業務である。

《製造業》

　製造業というと、工場で油にまみれてモノをつくるという昔ながらのイメージから敬遠する人もいるかもしれない。しかし周知のように、モノづくりの現場はコンピュータ化などによって飛躍的に進化し、自動化が進んでいる。その結果として逆に現在では、東京の大田区や墨田区、東大阪をはじめ各地の町工場などに残された、職人の「モノづくり」の技術が見直され、改めて就職先として魅力を感じる人も増えている。

　また、製造業＝メーカーには、商品開発から広報宣伝などさまざまな部署があることにも留意したい。グローバル化が進む現在、海外拠点での生産も一般化している。海外でのモノづくりに携わることで、国際的な活躍をする人材を目指すこともあり得るだろう。

《第一次産業》

　農業、林業、水産業、畜産業などで構成される第一次産業は、現在ある意味で最先端の産業といえるかもしれない。都市で暮らす人口が圧倒的多数になった現在、自然を相手にする仕事の魅力に注目する人が増えている。

　インターネットなど情報通信技術を駆使して、収穫から顧客に届けるところまでを、人と環境にやさしく効率的に進める、野菜作りや漁業などの取り組みが各地で進められている。バイオテクノロジーとのかかわりも注目される。「農業女子」や「林業女子」など、女性の進出も大いに注目されている分野でもある。

　会社組織の農業法人がつくられており、いわばサラリーマンとして農業に携わるなど、この分野に就業する方法はさまざまなルートがある。

《研究職》

　研究職というと一般から遠い存在のように思えるかもしれないが、新しいものを発見し創り出す、魅力的な仕事である。

　主に理系の研究職は、大学や研究機関で基礎研究を中心に行う場合と、企業で新しい製品やサービスを生み出す応用研究を中心に行う場合に分けられる。

　大学などでの地道な研究が純粋に「知りたい」情熱に支えられ、場合によって大きな発見につながるのに対して、企業での研究は、直接世のなかに出ていく製品やサービスを生み出す点で、より身近な喜びをえることができるだろう。最近は両者の研究が相互に乗り入れていることも多い。

　人文系の研究職もある。たとえば社会学の場合、大学などで行う社会の基礎的な研究と、企業でマーケティング調査や分析などを行う場合がある。

　ここにあげたのは、よく誤解していると感じる職種だが、どの仕事についても就職セミナーや会社説明会などで、具体的な業務内容やキャリアパス、やりがいや苦労などを実際に働いている人から聞いてみてほしい。

　次に、職種ではないが、転勤に関してもやや偏ったイメージを持っていると感じることも多い。

✣ 転勤ありの会社に対する偏ったイメージ

　特に女子の場合は自宅からの通勤を前提に、転勤のない会社を希望する学生が多い。しかし、エリア限定型社員の募集でない限り、求人情報に『転勤なし』と記載する企業は少ない。こうした企業は志望から外さざるを得ないであろうか。しかし、特定の業界においては一定期間（例えば3年）で勤務する支店等を異動することは一般的であっても、『転勤あり』としている会社のすべてが、こうした頻度で転勤を行うわけではない。また、転勤者がいても、転勤を経験しない社員のほうが多い企業は珍しくない。実際にどの程度の頻度で、どの範囲（地域）で転勤する可能性があるのか、あるい

は、若い社員と中堅以降での違いはないかなど、自分が志望する企業の実際について確認することが大切である。

　両立支援に力を入れる企業の場合、結婚や出産・育児をサポートする観点から『転勤しない』という希望をかなえてくれる企業も増えている。

　最終的に転勤のない（あるいは少ない）企業を選択するとしても、求人情報における「転勤あり・なし」の記載だけで、最初から志望企業を限定しすぎないことが、自らの活躍の可能性を狭めないことにつながる。

 ## 会社訪問で確認したいこと

　新卒で就職した大学生のうち、3割が就職後3年以内にその会社を退職したとの推計を厚労省が発表しており、近年の傾向となっている。

　個別の調査や実際に退職した人の声をひろうと、積極的な理由で退職した人も含まれるが、それ以上に仕事自体への不満、労働条件への不満に加え、職場の人間関係や風土（文化や雰囲気）が大きな原因となっている。

　これらは、自分らしく、いきいきと働くことのできない環境と言え、退職せざるを得ない状況と推察できる。先のColumnで『自分らしさ』の発揮が幸せであると述べたが、就職活動において一番してほしくないのが、こうした自分と会社のミスマッチである。

　仕事のおもしろさや厳しさ、労働条件の実際、その会社にどのようなタイプの人が多いかや職場風土は、求人情報などではその実態をつかみにくい。人に性格があるように、会社にも永年培ってきた特徴がある。よい会社と悪い会社があると言うより、自分に合う会社と合わない会社があるということをしっかり認識してほしい。

　実際にその企業を訪問したり、そこで働く人と話してみたりして、自分なりに感じてみよう。

憧れを持ち、一緒に働きたいと思うなら、自分らしさを損なうことなく、イキイキと仕事のできる環境を持つ会社である可能性が高い。あなたに合う会社である。特に、職場の人間関係や風土といった目に見えないものは、実際に企業を訪問し、働く人に会ってみないと確認することはできない。言い換えれば、自分らしくいられる会社であるかを確認することが、会社説明会や企業訪問に参加する最大の目的である。

SWOT分析

企業経営を取り巻く環境を分析する手法としてよく知られているのがSWOT分析である。外部環境ならびに内部環境をポジティブ/ネガティブの両面から、強み（Strength）、弱み（Weakness）、機会（Opportunity）、脅威（Threat）の4つの側面として把握していく。

図表6-4　SWOT 分析

内部環境	外部環境
S	O
W	T

S：Strength	強み	
W：Weakness	弱み	
O：Opportunity	機会	（チャンス）
T：Threat	脅威	

出典：筆者作成

具体的には、目標達成に向け自社の強みをどう生かしていくか、弱みをどう補うか。また、外部環境における機会をどう生かし、脅威をどう克服するかを検討するツールとなる。

　就職活動にあたっても、志望企業を取り巻く経営環境やその会社の特徴を捉える有効な方法となる。会社概要や有価証券報告書の財務データなどを活用すれば、自分なりの分析ができ、志望動機の根拠を明確にし、企業への自分なりの提案などに生かすことができるだろう。

この章の参考文献
「安田女子大学・安田女子短期大学就職ハンドブック 2017」（2016 年）
「女子学生のキャリアデザイン」宇田美江 中央経済社（2014 年）

就職活動の流れ

大学および短大を卒業すると同時に就職する人向けの就職活動のことを、企業側は新卒採用と呼ぶ。以下にその準備と選考の流れを示す。

〈事前準備〉

① インターンシップ　大学3年・短大1年の夏休み等に企業での就業体験に参加

② 進路希望　　大学のキャリアセンターなどに進路希望調査票を提出

③ 就職ガイダンス　就職情報サイトへの登録、学校主催の就職ガイダンス等への参加

④ 自己分析　分析ツールを使い、また家族・友人を通して自分を理解

⑤ 業界分析　業界研究を進め、希望職種や志望企業を選定

⑥ 試験対策　SPI等の筆記試験対策、グループ討議/グループワーク対策、面接対策　等

〈就職活動〉

① ウェブエントリー
　会社説明会への参加を希望する企業へのエントリー

② 合同企業説明会
　大学や就職フェア等で複数の企業が合同で説明会を実施

③ 個別企業説明会
　各社が実施する説明会。説明会に参加しないと選考を受けられないこともある。

④ OG・OB訪問
　大学の卒業生を訪問し先輩から会社や仕事について聞く

⑤ 履歴書やエントリーシートによる書類選考

⑥ 一次選考（筆記試験）　SPI等の適性検査や会社独自の試験

⑦ 二次選考（集団面接やグループ討議）

⑧三次選考（個人面接）　複数回行われることが多い
⑨最終選考（役員面接）
⑩内々定・内定
⑪誓約書　入社に同意することを誓約

★就職活動のスケジュール

大企業が加盟する経団連では、2020 年 3 月卒業生までは、以下の日程
で実施することを協定していた。

　3 月から　　　　企業説明会開始
　6 月から　　　　選考活動開始
10 月から　　　　内定（内定式）

　経団連によるスケジュールは見直し、変更になる可能性がある。
また上記のスケジュール通りに選考活動が行われない場合も想定さ
れる。

　しかし、経団連は、2018 年 10 月に、2021 年春入社の学生から、
採用面接などの解禁日を定めた指針の廃止を決定。それ以降は、政
府が主導する形で、上記日程を維持、順守するよう、広く経済界に
呼びかけている。なおその際、2022 年 3 月卒業・入社組にかんし
ては 2019 年度以降に改めて検討するが、当面は現行の日程を変え
る可能性は高くないとした（2021 年 2 月の時点で、大幅なルール変更は決まっ
ていない）。

　ただ、これは自主的な紳士協定的なものなので、上記スケジュー
ルよりも、早期に選考活動が行う企業も想定される。

※参考：（2021 年 2 月 11 日最終確認）
　文部科学省ホームページ「2020 年度以降に卒業・修了予定者の就職・採用活動時期につい
　て」http://www.mext.go.jp/a_menu/koutou/gakuseishien/1410984.htm
　内閣官房ホームページ「就職・採用活動日程に関する関係省庁連絡会議」https://www.cas.
　go.jp/jp/seisaku/shushoku_katsudou/index.html

IT リテラシーを身につける

　みなさんは、生まれながらに IT に親しんだデジタルネイティブと呼ばれる世代だ。しかし、これはスマホを使いこなすということにとどまらない。情報化社会において自らの能力を生かすには、情報技術を活用できる知識や技能 (これをITリテラシーと言う) を身につけておく必要がある。

①コンピュータリテラシー (コンピュータを操作する技術や知識)

　学生時代に、Word、Excel や Power Point などのビジネス系ソフトはある程度使いこなせるようになろう。

②インターネットリテラシー (インターネットを正しく使うための技術や知識)

　インターネットを正しく使うには、ウイルス感染を防ぐために怪しいサイトにアクセスしない、安易にインストールやダウンロードしないといったことが求められる。また、情報の送り手として、個人情報は安易に記載しない、他の人が不快に思うようなことはしない、著作権や肖像権に注意するなど、モラルある対応が必須である。

③情報リテラシー (正しく有益な情報を素早く見つけ出す能力)

　何より重要なのが情報リテラシーを身につけることだ。メディアから得た情報を鵜呑みにしたり全否定したりするのでなく、可能な限り客観的かつ正確に評価して活用できる知識や技能だ。そうでないと、SNSのフェイクに乗せられてしまったり、情報の意味をわからないまま使ったりすることになる。うまくいった、いかなったことの理由を見極めたり、ニュースごとに自分ならどうするかを考えたりするなど、物事に対する考えや意見を持つように努め、学生時代から「見識」を身につけることに取り組もう。

7章

企業内での
人事評価制度

5章、6章では、自分らしいキャリアを描くために、自己理解の進め方やその自己を生かすフィールドとしての業界・企業研究の方法を確認した。一方で、社会に出た後、企業などの就職先ではどんなことを期待されるか、このことを知っておくことも、自分らしいキャリアを描く上で大切になる。

企業が求める人材

❶-1　社会人基礎力

　企業が求める人材の要件としてよく引用されるのが、経済産業省が2006年に提唱した『社会人基礎力』である。「前に踏み出す力」「考え抜く力」「チームで働く力」の3つの能力で構成され、さらに12の詳細な能力要素で分類されている。「職場や地域社会で多様な人々と仕事をしていくために必要な基礎的な力」として定義されており、多くの企業が参考にしている。

　社会人基礎力は、集団で仕事を進めていく日本型の企業を前提に、そこでどのような行動を取ってほしいかを社会人の基礎的な力という視点でまとめている。それぞれの能力要素について得意と言えるか、もっと意識して身につけるべきか、各自でチェックしてみるとよい。

　チェックしてみた方は気づいたかもしれないが、この12の能力要素すべてを均等に身につけるのか、でこぼこがあっても強みを伸ばせばよいのかは、自然と湧き出る疑問である。これをどのように位置づけるかは、企業にとっても学生の皆さんにとっても、異なる見解があってよいと筆者は考える。社会人として必要な能力は、要素別に見ればここに示されているとおりであろうが、人は誰しも得意、不得意がある。それが個性である。社会人基礎力が真に求めるものは、自分から自発的に周囲と一緒になって問題解決できる人であり、どの能力要素を生かして成果を出すか、そこには

個性があってよいと考える。自分らしさを強調する筆者の立場からは、ぜひ強みを伸ばすことをお奨めしたい。ある能力要素の欠落が致命的と思えば、その克服に力を入れる必要はあろうが、弱点を伸ばし平均点をめざすことは、かけがえのない存在になることを是とした観点からは、少し遠ざかると言える。

図表7-1　社会人基礎力とは

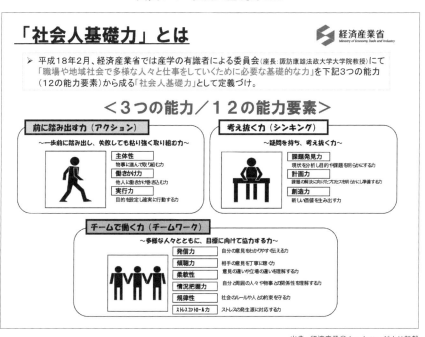

出典：経済産業省ホームページより転載

❶-2　人の持つ能力

　社会人基礎力は、近年における働く人の力の実態を踏まえ、企業で発揮してほしい力を示しているが、働く人の能力については従来からたくさんの知見が示されてきた。企業が活用してきた能力要件の代表例は、ロバート・カッツが提唱したTCHである。日本企業では、職能主義（職務を遂行す

る能力を基準に昇格・昇給する制度）が全盛となった1980年代以降その職能要件としてカッツのTCHが広く普及した。

T能力（Technical Skill）は、業務遂行能力とも言われ、職務を遂行する上で必要な知識やスキルなどの専門能力を指す。

C能力（Conceptual Skill）は、概念構成能力とも言われ、文章や発言などの意図を理解する力や、物事を概念化して捉えたり、抽象的に物事を考えたりする力を指す。

H能力（Human Skill）は、対人関係能力とも言われ、集団の目標を達成するために周囲の人に働きかける力のことである。単なるコミュニケーション力にとどまらず、リーダーシップや周囲をやる気にさせる力を指す。

元々、このTCHは管理者層の能力発揮を示したものだが、企業では管理者層に関わらず広く適用されている。

図表7-2　階層によるTCH能力の発揮期待の違い

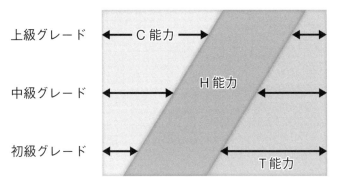

出典：筆者作成

　図表7-2は、管理者に限らず、新入社員から管理者まで、その適用範囲を広げた場合にTCHの3つの能力がどのように、その発揮に関する期待が変化するかを示したものである。初級グレードから上級グレードへと役割責任が重くなるにつれ、能力発揮に関しても、その期待が変化していく。役割責任の違いとは、初級グレードを一人の担当者として仕事を行う時期、

中級グレードを部下や後輩を持ち、相談を受けたり指示を行いながら仕事を行う時期、上級グレードを課長などの役職に就き、管理者として組織を統括しながら仕事を行う時期を想定している。担当者の時期（初級）には、必要な専門性（T能力）を生かして業務遂行することが期待されるのに対し、役職に就くなど広範な業務領域（個別業務の集合）をリードする時期（上級）には、業務の方向性や組織的な問題解決のリードを期待され、分析し、計画を策定するC能力が重視されることになる。

　一方、図表7-2でわかる通り、H能力に関しては役割責任の変化による能力発揮の期待には変化がなく一定である。ただし、役割責任の変化とともに対人関係の幅が広がるため、発揮を期待されるH能力の中身は変化していくことになる。担当者の時期（初級）には、仕事を円滑に進めるための報告・連絡・相談や自分の考えを伝える力が必要とされるが、管理者の時期（上級）には、多くのメンバーの信頼を得て共感を持たれるようなリーダーシップ力が求められる。

❶-3　学生時代に身につけたいこと

　さて、企業では先に述べた社会人基礎力やTCH能力などの発揮を新入社員の時期から期待する。学生時代は社会に出るための最終準備段階である。それからの人生をどう生きていくかをしっかりと見つめることとともに、社会人として活躍していくための基礎を着実に身につけていくことが求められる。そこで、TCHの３つの能力要素を切り口に学生時代に身につけたいことを考えてみよう。

　まずT能力（業務を行ううえで役立つ知識やスキル）の側面では、その業務で活躍するうえで基礎となりうる知識や経験、スキルなどを身につけていくとよい。国際的に活躍したい人が、英語力を高める、海外留学などでグローバルな経験を積むなどは、わかりやすい例と言える。同様に、販売促進や広告の仕事をしたい人ならマーケティングを、財務関係の仕事に興味のある人であれば簿記やファイナンスを勉強するなどがこの例にあたる。

就職の前提として資格が必要な場合には、その資格取得が該当する。しかし、取得すればよいという捉え方にとどまらないことをお勧めする。例えば小学校の先生になるのであれば、教員資格を取得するのは当然だが、どのような先生になりたいかを考えると、さらに身につけたい経験や知識、スキルは変わってくるかもしれない。どのような将来像を描くかにより、準備していくことが変わっていくので、じっくりと将来像を見つめるとよい。

　なお、就職に有利な経験というと、志望企業でアルバイトをすることを思い浮かべる人が多いかもしれない。しかし、入社後の研修などで身につく内容であれば、企業側もあえて学生の間に保有しておくことを期待しないかもしれない点を留意してほしい。

　次にC能力（概念構成能力）の側面では、「理解する力」「まとめる力」「考える力」をより高めていくことになる。筆者の経験からは、各社の就職試験で一番合否を分けるのがC能力である。作文的な筆記試験であっても、面接であっても、C能力に関する個人差は短時間に評価できる。よく就活の最中に、面接でうまく答えられた、答えられなかったと話す就活生を見かけるが、これもC能力の発揮についてコメントしている場合が多かろう。

　C能力を高めていくには、まず問われていることを明確に捉えることが大切となる。問われることを取り違えると回答のしようがなくなる。次に主張を行うには「要するにどういうことか」主題を押さえる必要がある。要点を押さえないままのコメントは不要な説明が多くなりやすく、理解しづらいものとなる。最後に、結論には必ず根拠があることも見逃してはならない。なぜそう結論づけたか、根拠となった客観的な事実を添えることが大切である。こうした力を養うには、日頃から意識して取り組んでみるしかない。習慣のようなものだと思えばよい。例えば、相手の話を聞きたいように聞くのではなく、何を意図しているのかをじっくりと聞く。自らの話したいことは要するに何を言いたいか可能な限り短い分量に要約してみる。自らの導き出した結論に対してなぜそのように考えたのか、自問自答してみる、などである。

最後にH能力（対人関係能力）の側面では、できるだけグループで行う活動に参加し、多くの人と関わる経験を積むのがよい。いろいろな人と接する経験から多様な場面に通用するコミュニケーション力が身につくだろう。また、そのチームやメンバーのために、自分にはどんな貢献ができるかを考えてみるとよい。些細な役割を買ってでるのもよいし、誰かの発言を尊重する、笑顔でうなずく、ちょっとした一言で励ますなど、できることはたくさんある。こうした経験の積み重ねで、自分らしい、働きかける力が身についていく。

人事考課制度

　企業の求める人材への成長や企業が求めるがんばりを引き出すための仕組みが人事考課（評定）制度である。この制度には何をどのような基準で評価するか評価基準を設けるが、これが社員の努力の方向と程度を社員に浸透させる役割を果たす。陸上スポーツで例えるならば、100mを10秒で走る人を評価する制度とマラソンを2時間で走る人を評価する制度を有するクラブとでは、評価される側の練習方法は変わってくる。これが人事考課制度の持つパワーである。どの方向に、どの程度がんばってほしいか、企業の期待に基づく社員の努力を促していく。
　会社の期待には、長期間にわたるものと短期間におけるものがあり、これを使い分けるため、異なる人事考課制度が設けられている。

❷-1　長期の期待に基づく制度

　企業が長い時間軸の中で期待するのは、本人自身の成長である。いずれの企業も社員の成長に応じて格付けする制度（成長に応じて昇進する）を設け

ており、この制度の昇進基準が成長すべき方向や程度と認識され、社員の成長努力を促している。

　日本企業の場合、担当する職務内容に応じて格付けを決定する職務主義と、保有する職務遂行能力に応じて格付けを決定する職能主義のいずれかに基づく制度が主流である。担当職務に基づくか、保有能力に基づくかの違いはあるが、いずれの場合も、より難易度の高い業務を遂行できるよう、社員の成長を期待している。ここでは、職能主義に基づく制度を例に長期的な時間軸で人材の成長を促す仕組みを紹介する。

✤ 職務遂行能力要件と能力評定

　社員は入社後担当する業務に応じて等級に格付けられ、この等級に基づき給与が決定される。これを人事等級制度（昇進制度）と呼ぶが、次の等級への昇格基準として、等級別にどのような能力の保有を期待するか、職務遂行に必要な能力要件（職能要件）が示される。

図表7-3　職能要件書の例

等級	T（職務遂行）能力	C（概念構成）能力	H（対人関係）能力
1級	補助的業務が手順、基準に従って手際よく処理できる。 定型的な連絡が、文書または口頭で行える。	担当業務における処理の遅れ、誤り等を発見でき、正常に帰することができる。 担当業務につき改善提案が出せる。	グループメンバーに自分の考えを理解させることができる。
2級	担当業務の手順を理解しており、効率よく遂行できる。 指示の受け方、報告の仕方が的確である。 担当業務の手順書が作成および修正できる。	担当業務の異常、優先度が判断でき、上位識者の指導のもと対応策が取れる。 グループ内の業務につき、改善提案が出せる。	グループまたはグループ外に自分の意見を伝えることができ、関係者と簡単な調整ができる。 グループ内でメンバーシップが発揮できる。
3級	担当業務の実行計画が立案でき、それにそって遂行できる。	担当業務における現状での問題点を発見し、対応策に関する意見が出せる。	口頭および文書によって、自分やグループの意見を的確に伝えることができ、関係者と調整することができる。

出典：筆者作成

この職能要件に基づき、年に1回、社員の保有する能力を評価する制度が能力評定である。その等級に期待される能力要件をどの程度充足しているかを日常から接する直属上司が評価する。能力評定の結果は、次の等級への昇進を判断する重要な資料となる。

❷-2　短期の期待に基づく制度

企業が短い期間において期待するのは、担当する業務において具体的な成果（組織への貢献）をあげることである。いずれの企業も、社員のあげた成果に応じて賞与などを加算して支給する制度（成果に応じて配分する）を設けており、この制度の評価基準が成果をだすべき内容や程度と認識され、社員の活躍を促している。

❖ MBO（Management by Objectives）目標管理制度
1950年代にピーター・ドラッカーが提唱したのがMBO（目標による管理）である。一般的には「目標管理」と呼ばれ、多くの企業が導入している。

図表7-4　目標管理シートの例

	目標設定			振り返り		
	業務課題	達成目標	難易度	プロセスの結果	業績	達成度
1						
2						
3						

出典：筆者作成

残念ながら目標によって成果や人を管理する制度として誤用されるケースも少なくないが、ドラッカーの真意は個々人に自らの業務目標を申告さ

せ、その進捗や実行を各人が自ら主体的に管理する手法である。本人の自主性に任せることで、主体性が発揮され、大きな成果が期待できる。

　目標設定のポイントとなるのが、上司と本人の「話し合い」（双方向のすり合わせ）である。上司は組織のニーズや期待を噛み砕いて伝え、本人は自身のキャリアの実現も念頭に、その業務にどのように取り組みたいかを提案する。このように、双方がニーズを出しあい、両者が納得する形で目標を設定することで、本人の自発的な取り組みと組織業績への貢献の双方を一度に実現する。

図表7-5　　話し合いによる目標設定

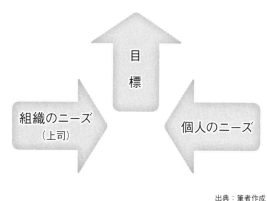

出典：筆者作成

✤ 業績評定制度

　半年ごとに設定した業務目標に対してどのような成果をあげたかを評価するのが業績評定制度である。上司は本人との話し合い（振り返り）を経て会社の定める評価基準に基づき評価を行う。この評価結果が成績加算分として賞与（ボーナス）に反映される。また、これらの成果は能力発揮の結果とみなされ、上位職への昇格基準とする場合が多い。

採用選考制度

　学生側から見た就職活動は、企業から見ると採用選考活動と言い直すことができる。公平かつ客観的な評価が行えるよう、選考手順や評価基準などを明確に定め、ばらつきなく、システマチックに対応できるよう工夫している企業が多い。

　それでは、社員としての資質を見極める採用活動では、何を評価しているのだろう。採用選考の評価項目は、各社が入社後に社員に保有や発揮を求める能力要件に基づき評価する企業が多い。

　採用選考活動においてキーと言えるのは「学生時代に力を入れたこと」という質問である。自らやり遂げたと自負している一番の成功体験を題材に過去の自分を説明する質問である。回答に対しては、繰り返して「なぜ」と聞かれるが（意図的にそうしている）、価値観や行動など自分固有の成功要因を自分自身でどの程度理解しているかを確認するためである。なぜそうだったのか、なぜそうしたのかを繰り返し質問するわけだ。自分固有の成功体験、言い換えれば自身の強みや得意を十分理解している人こそ、困難な状況に直面しても、その強みや得意を生かして再び問題解決することができるからである。つまり自分をどのように理解しているかを通して、将来どのように活躍する人かを推察するわけである。

　企業独自の能力要件を強みや得意として保有しているかとともに、もう1つ企業が採用選考プロセスで確認したいのが、入社後成長や活躍できる人かどうかという点である。

　図表7-6に示すとおり、採用選考時を真ん中のタイミングとした場合、そこまでに身につけた基本的な能力（企業が独自に定める能力要件に合致していることが前提）は当然高いほうがよい。しかし、その後の会社生活において成長を繰り返していくことを考えれば、入社前の基本能力よりも入社後の成長度のほうが大切になる。

図表7-6　企業文化への適応と入社後の成長

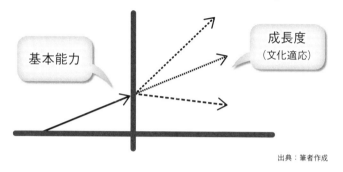

出典：筆者作成

　成長度を左右するのは、企業の持つ文化への適応性である。企業はその長い歴史から独自の文化や風土を持つ。その企業の仕事の進め方や文化の中で、イキイキと成長・活躍できる人と、水が合わずに失速する人がいると言うことだ。筆者の経験からも、きわめて能力は高いと評価できたにも関わらず、育成することに自信が持てず不採用としたケースは少なくない。人事部門では採用選考委員に、最後は「一緒に働きたいですか？」「上司として責任もって育てられますか？」と自問して判断するよう求めている。永年その企業で活躍してきた評価者にはその学生の適応性を評価でき、それが企業の一番知りたいことと言える。

　言い換えれば、多くの企業は責任もって育てられる人かどうかを見極めて採用選考を進めている。学生の皆さんには、自分らしく働ける会社を探そうといったが、企業も同様にベストマッチの個性を持つ学生を企業側の感度から探してくれていることになる。

この章の参考文献
経済産業省ホームページ　http://www.meti.go.jp/policy/kisoryoku/
「Skills of an Effective Administrator」by Robert L. Katz Harvard Business Review（1955 年）

索引

[A 〜 Z]
B to B ……………………………… 130
B to C ……………………………… 130
D. E. Super ………………… 27-29,110
ＦＰ検定 ……………………………… 33
MBO (Management By Objectives)
………………………………… 37,155
ＭＯＳ
(マイクロソフト オフィス スペシャリスト) … 34
Ｍ字カーブ …………………………… 45
ＯＧ・ＯＢ訪問 …………………… 138,144
ＯＪＴ ………………………………… 26
ＳＷＯＴ分析 ………………………… 142
ＴＣＨ能力 ……………………… 149-151
ＴＯＥＦＬ …………………………… 32
ＴＯＥＩＣ …………………………… 32

[あ行]
育児・介護 ………………………… 83,89
育児休業 …………………………… 74,86
意思疎通 …………………………… 21-22
医療事務 ……………………………… 34
インターンシップ ………………… 136,144
英語検定 ……………………………… 32
エントリーシート …………………… 144

[か行]
介護福祉士 …………………………… 33
外資系企業 ………………………… 32,37
会社訪問 …………………………… 138,141
外務員 ………………………………… 33
外務省専門職員 ……………………… 32
カウンセリング …………………… 15,21
学芸員 …………………………… 32,137
格差指数 …………………………… 44,52
学生納付特例制度 …………………… 56
漢検（日本漢字能力検定） ………… 32
管理職 …………………………… 42,49,52
企業研究 …………………………… 85,128
企業説明会 …………………………… 144
企業年金制度 ………………………… 54
企業文化 ……………………………… 158
機能別分類 …………………………… 130
キャリア ……………… 26,27,148,156
キャリアアンカー …………………… 106
キャリアカウンセリング …………… 21

キャリア教育 …………… 16,17,18,20
キャリア形成支援 …………………… 20
キャリアコンサルタント ………… 20,33
キャリアセンター ………………… 20,29
キャリアプランシート … 94,96,98,114
キャリアレインボー ………………… 28
求人票 ………………………………… 21
教員免許 ……………………………… 34
業界研究 ……………………………… 128
共済年金 …………………………… 54,55,59
業種 …………………… 93,112,128,132
業績評定制度 ………………………… 156
協調性 …………………………… 13,21,22
グローバル社会 …………… 30,31,36
高校 ……………………………… 14,17
厚生年金 …………………………… 54,55,86
公的年金 …………………………… 55,59,63
公的年金制度 ………………………… 60
硬筆検定 …………………………… 32,34
国際競争力 ………………………… 43,45
国際秘書検定 ………………………… 34
国民年金 ……………… 54,55,56,59
コミュニケーション力
………………… 13,21,34,35,150,153
コンピテンシー ……………………… 24

[さ行]
採用選考制度 ………………………… 157
産業カウンセラー …………………… 33
産業別分類 ………………………… 128,129
資格 …… 14,20,24,31,32,33,34,100,101,152
自己分析チェックポイント …… 94,96,100
司書 ………………………………… 32,34
7・5・3の法則 ……………………… 84
事務職 …………………………… 35,83
シャインの３つの問い
…………… 94,95,96,106,114,118
社会人基礎力 …………… 148,149,151
社会保険加入義務 …………………… 90
社会保険労務士（社労士） ………… 33
就職 ……………………………… 17,19
就職ガイダンス ……………………… 144
就職活動 ………… 131,141,144,145,157
就職先 …… 17,92,122,123,128,132,139
就職セミナー ……………………… 21,141
主体性 …………………………… 22,30,156

出産・育児休業 ……………………… 86
受動的履修 ……………………… 14
職業観 ……………………… 20,50,77
職種 …… 69,93,112,132-137,138,140
女性活躍推進法 ……………………… 68,69
女性管理職 …… 42,49,51-52,57,74-76
書道検定 ……………………… 32
ジョハリの窓 ……………………… 92,112-114
人事考課制度 ……………………… 153
進路決定 ……………………… 17
進路相談 ……………………… 21
スペシャリスト ……………………… 34,40,99
成果反映型経営 ……………………… 39
税理士・公認会計士 ……………………… 33
ゼネラリスト ……………………… 40
総合職 ……………………… 35

[た行]
第一号被保険者 ……………………… 55
大学 …………… 12-14,16-18,20-21,26,29,
　　　　　　　　30-31,122-123,140,144
大学進学の目的 … 12-14,16-18,20-21,26,29,
　　　　　　　　30-31,122-123,140,144
大学進学率 ……………………… 13
大学を選択した理由 ……………………… 12
第三号被保険者 …… 42,55-56,59,86,90
第三号被保険者問題 …… 55-56,59
第二号被保険者 ……………………… 55,59
ダグラス・有沢の法則 ……………………… 84
短時間労働 ……………………… 47-49
短時間労働者 ……………………… 48
短時間労働比率 ……………………… 48-49,53
男女間賃金格差 ……………………… 86-87
男女共同参画社会基本法 ……………………… 68
男女雇用機会均等法 ……………………… 68-67
短大 ……………………… 13,14,144
チューター ……………………… 15
通訳案内士 ……………………… 32
適性 ……………………… 17,132,144

[な行]
日商簿記検定 ……………………… 33
日本型経営 ……………………… 39,72,86,89
人間関係力 ……………………… 23
年金制度 ……………………… 54,56,59,60
能動的履修 ……………………… 14

[は行]
パートタイム労働者 ……………………… 47
配偶者控除 ……………………… 57
バイト ……………………… 19
派遣労働者 ……………………… 46
ハローワーク ……………………… 21
晩婚化 ……………………… 82
ピア ……………………… 15
ビジネス実務マナー検定 ……………………… 34
秘書検定 ……………………… 34
非正規雇用 …… 42,46-48,83,87
被扶養配偶者制度 ……………………… 56
扶養家族 ……………………… 56-57
プレゼンテーション力 ……………………… 34,61
平均初婚年齢 ……………………… 82
保育士 ……………………… 34,137
ポジティブアクション …… 50,53,67,89

[ま行]
マイクロソフト オフィス スペシャリスト
（ＭＯＳ） ……………………… 34
マズローの欲求５段階 ……………………… 97
見せかけ管理職 ……………………… 52
未来ビジョン ……………………… 94,96,110
面接指導 ……………………… 21
メンター ……………………… 15
メンタルヘルス系資格 ……………………… 33

[や行]
有期契約労働者 ……………………… 46

[ら行]
ライフイベント ……………………… 93
ライフステージ ……………………… 28
ライフラインチャート ……………………… 94,96,108
旅行業務取扱管理者 ……………………… 32
臨床心理士 ……………………… 33
労働力率 ……………………… 42,45
老齢基礎年金 …… 54-56,59,60,86
老齢厚生年金 …… 54-56,86,90

[わ行]
ワークシェアリング ……………………… 66
ワークライフバランス
　　　　　……… 48,53,66-67,72,93,107

著者紹介

野村 康則（のむら・やすのり）　1・2・3・4章

安田女子大学　非常勤講師・キャリアコンサルタント（国家資格）。
九州大学経済学部、福井県立大学博士前期課程修了。エスエス製薬（株）専務取締役を経て、福井大学大学院教授。福井工業大学教授・学科長。安田女子大学キャリアセンター長・教授を経て 2018 年より現職。論文に「人的資源と労務コスト—Ｍ＆Ａにみる人間関係論」「日本の国民年金制度とその課題」「過去の震災から学ぶリスクマネジメント」「女性のキャリデザインと就業状況」「敦賀市商工会議所開所 100 周年記念地域振興記念論文　最優秀賞」「平成 21 年広島県の男女共同参画事業を進める会小論文　最優秀賞」など。

竹内 雄司（たけのうち・ゆうじ）　5・6・7章

安田女子大学　キャリアセンター次長　兼　ビジネス心理学科　教授。
早稲田大学商学部、神戸大学大学院経営学研究科社会人 MBA 課程修了。大学卒業後、マツダ（株）に入社。採用、人事企画、人材開発、組織開発、グローバル人事など人事畑を中心に従事し、その間、米国駐在や人事部長などを経験。在職中、採用面接や昇格面接でのべ 1 万人以上と向き合い面接のプロを自認している。専門は組織行動論（キャリア、リーダーシップ、モティベーション等）。人事部門での経験をベースに、学生へのキャリア支援、就活支援に力を注いでいる。

女子学生のキャリアデザイン　三訂版
—— 自分らしさとワークライフバランス

発行日	2021年3月28日　三訂版 第一刷発行
著　者	野村 康則・竹内 雄司
発行人	仙道 弘生
発行所	株式会社 水曜社
	〒160-0022 東京都新宿区新宿 1-14-12
	TEL03-3351-8768　FAX 03-5362-7279
	URL suiyosha.hondana.jp/
DTP・装幀	小田 純子
イラストレーション	うつみ ちはる
印　刷	日本ハイコム株式会社

©NOMURA Yasunori, TAKENOUCHI Yuji 2021, Printed in Japan
ISBN 978-4-88065-504-8 C0037